陈昌余◎著

永康民俗

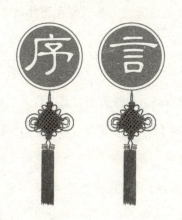

　　民俗，是指一个国家或民族中由广大民众所创造、享用和传承的生产生活文化。它起源于人类社会群体生活的需要，在特定的民族、时代和地域中不断形成、扩展和演变。来自于民间、传承于民间、规范于民间且植根于民间。民俗包含节庆礼仪、宗教祭祀、婚丧嫁娶等民间风俗，传说歌谣等民间文艺，以及生产生活中的传统技艺等内容，是通过某种约定俗成的方式固定下来的民族生存的精神文化。

　　永康山川秀丽，历史悠久，名人辈出，人文鼎盛，民俗文化源远流长、积淀深厚。"黄帝铸鼎"的美丽传说、传承千年的百工技艺，会聚成灿烂的五金文化，"为官一任，造福一方"的一代名臣、万人膜拜的"胡公大帝"，派生出长盛不衰、异彩纷呈的"方岩庙会"，"农商并重、义利双行"的陈亮"事功"学说、独树一帜的"永康学派"，凝练成"吃苦耐劳，开拓创新"的永康精神，以民间歌舞、传统戏剧、习俗礼仪、手工技艺等诸多形式为表象的永康民俗，凭借其突出的地域性、民间性特征，彰显了永康传统文化的鲜明特质和独特魅力，这些带有深刻永康地域印记且极具历史价值、艺术价值和社会价值的民俗表现形式，成为永康传统文化的重要标志和精神内核。

旅游局退休干部陈昌余先生，发挥退而不休的老黄牛精神，在2009年出版《永康百工》之后，坚持用自己手中的相机和笔，以地域性和民俗性为基点，以永康最精彩、最灿烂的民俗活动为选点，追溯其原始起源，勾画其传统演变，剖白其精神内涵，诠释其本质意义，深度挖掘和记录了永康民俗文化的方方面面，汇编成《永康民俗》一书，填补了永康民俗文化专著的空白。

全书选用500余幅的精美图片和10万余流畅生动的文字，以节日习俗与传统礼仪、传统婚庆习俗、传统丧葬礼俗、婴儿寿诞礼俗、成人寿诞、民居、服饰、饮食、方岩庙会、乡土节庆文化和民间艺人与风俗等十一个民俗文化内容为序编排，通过精彩图片和生动文字的多元素链接，使传统文化与现代审美有机融合，对富于乡土风韵的游艺活动、原汁原味的婚丧嫁娶场景等民俗经典进行了再挖掘、再记录，为各界朋友宽视野、多角度地了解永康民俗、品味永康文化提供了一扇极好的窗口。

大力加强优秀传统文化的保护和传承，不断推进道德永康和文化大市建设，是市委、市政府作出的重大决策和既定部署，诚望有更多的有识之士像陈昌余先生一样，更多地关心关注并身体力行地投入道德永康、文化大市的建设之中，为建设现代化国际五金名城作出更大的贡献。

永康市人民政府市长

第一节　节日习俗与传统礼仪

II

永康民俗

第二节　传统婚庆习俗

第六节 民 居

第七节 服 饰

永康民俗

第十一节　民间艺人与风俗

VIII

永康民俗

第一节

节日习俗与传统礼仪

中国是一个文明古国，五千年的中华文明，孕育了华夏礼仪之邦。"生有寿礼，死有葬礼"，各种礼仪在不同的场合形成一系列的程式，一代一代地传承下来，形成了各民族多姿多彩的礼仪文化。随着民族的融合，在继承和发展的基础上，礼仪也在不断地相互渗透，为中华民族的传统文化浓墨重彩地写上了辉煌的一笔。

"知书识礼"是中华民族的传统美德。随着现代文明社会的发展和信息时代的需求，礼仪文化越来越受到人们的重视和关注。在构建和谐社会的今天，为了古老的文明，曾经的荣誉，未来的辉煌，每一个炎黄子孙都有责任、有义务去推进礼仪文化的健康发展，再现中华"礼仪之邦，衣冠上国"的盛世风采。

源远流长的节日习俗

春 节

永康民俗

人们常说，有海水的地方就有中华儿女，而有中华儿女的地方，就有春节。放眼中华大地，每逢春节，礼花绽放，龙舞翻飞，欢声笑语荡漾，春节热闹了中国，也以特有的方式向世界人民展示了中华民族博大深邃的文化魅力。

中国人重视春节有着深厚久远的文化渊源。首先，中国是非常重视伦理纲常的国度，最看重家庭和亲情。春节是亲人团聚、家庭共享天伦之乐的节日。父子两代，祖孙三代，甚至四世同堂，敬杯酒，鞠个躬，父慈子孝，母良妻贤，人们在鞭炮声中，在锣鼓声中，在欢呼声中，享受人间温暖。其次，中国是"礼仪之邦"。亲戚之间，互相拜望，增加了解，加深感情，即使互不相识，或者彼此间有些隔阂，春节见面时都会满面笑容，一句"新年好"、一句"新春愉快"，就会拉近彼此之间的距离，构成真诚相处的和谐氛围。最后，春节是集中展现传统文化的节日。各种古老的民俗，浸润着浓郁的生活气息，包含着人们对未来美好生活的祝福和祈祷。

在民族自信和国力不断提升的今天，中国吸收着西方文化的优点，同时也把中国文化传播到世界各地。春节不只是中国专有的节日，不少国家也仿照中国人的习俗过春节。他们在庆祝圣诞节和复活节的同时，也欢度中国传统的中秋节和春节等等，中西文化融合在节日喜庆的气氛中，互相交流，共融共存。

一　春节的由来

古代称正月初一为元旦，又称三元，即岁之元，月之元，时之元。元旦是我国的农历年，是最古老又最隆重的一个节日，距今已有四千多年的历史。

相传在殷商时期，国君祖乙常为时序节令、天气风云等而苦恼。有个名叫万年的青年，看到当时节令很乱，就有了把节令定准的打算，但是苦于找不到计算时间的方法。一天，他上山砍柴累了，坐在树荫下休息，树荫的移动启发了他，他发明了一个测日影计天时的晷仪，用来测定一天的时间。后来，山崖上的滴泉激发了他的灵感，他又动手做了一个五层漏壶来计算时间。天长日久，他发现每隔三百六十多天，四季就轮回一次，天时的长短就重复一遍。

万年带着日晷和漏壶去见国君，对祖乙讲清了日月之行的道理，祖乙听后龙颜大悦，感到有道理。于是把万年留下，在天坛前修建日月阁，筑起日晷台和漏壶亭，并希望能测出日月规律，推算出准确的晨夕时间，创建历法，为天下的黎民百姓造福。

有一次，祖乙去了解万年测试历法的进展情况。当他登上日月阁时，看见天坛边的石壁上刻着一首词：

> 日出日落三百六，周而复始从头来。
>
> 草木枯荣分四时，一岁月有十二圆。

祖乙知道万年创建历法已成，亲自登上日月阁看望万年。万年指着天象，对祖乙说："现在正是十二月满，旧岁已完，新春复始，祈请国君定个节吧。"祖乙说："春为岁首，就叫春节吧。"据说这就是春节的来历。

秦始皇统一中国后，以农历十月为正月。汉武帝刘彻时，他深感历法太乱，就令大臣编写"太初历"，并规定还归殷商时期的旧制，定正月初一为岁首，即元旦，这种纪念方式沿至清末。1949 年 9 月 27 日，中国人民政治协商会议第一次全体会议通过使用"公元纪年法"，并正式规定阳历的 1 月 1 日为元旦，阴历的正月初一为春节。

二 新年钟声

为了拍摄2010新年钟声，作者冒着严寒和影友摄影师骑上摩托车，一路直奔国家级名胜景区——方岩山。到了方岩山脚拾阶而上，半个小时到了山顶，胡公祠池豪杰副经理让我们上方岩顶用晚餐。也许是过元旦的缘故，菜做得丰盛，也算是过新年吧！曾记得在1992年春，我率电视台摄制组在方岩山拍摄旅游风光系列片时，在方岩山广慈寺用过几次餐，那清一色菜子油炒菜，什么样的菜都是一个口味。

晚餐后，与影友绕方岩后山转了转，领略方岩山静静的夜光山色。直到晚8点，来自各地的香客，背着大香，挑着全羊、全鹅、猪头及不同的贡品，陆陆续续上了山。11时许，市委、人大、政府、政协四套班子领导上了山，市传福锣鼓队在"天门"喜迎来宾，奏起了欢快的迎宾锣鼓，顿时天街热闹起来，男男女女老老少少纷纷上山拜胡公，讨个吉祥。12时整，早早汇集在胡公大厅的方岩经营公司的职工们手持礼花炮，敲起喜庆锣鼓，现场笑声连成一片，此时，市委徐建华书记、市政府卢跃东市长，首先敲响新年的钟声，清澈飘逸的钟声传遍四面八方。接着徐华水、刘淑芬、陈毅成等领导敲响了

市领导在敲钟

市四套班子领导

新年钟声，上方岩香客们也争着敲响吉祥钟声。

随后，徐建华书记、卢跃东市长为胡公殿点燃了新年香火，又到后殿看望了来自市内外的众多香客，祝福新年快乐、幸福吉祥。

天街灯火辉煌，南岩烟火不夜天。据了解，上方岩的人群中，有来自宁波、奉化、杭州、上海、诸暨、金华、磐安、兰溪等地众多的香客。胡公祠的池副经理说：今年的香客要比往年多几倍，足足有五千多人。求签、求个吉利，成了拜胡公时一句吉祥的口头语。

在 2012 年元旦即将来临之际，新任市委书记张伟亚、市长徐华水率领四套班子领导登上方岩山，敲响了新年的钟声，祝福全市人民新年吉祥，幸福安康！

香 客

胡公塑像

三　春节习俗

我国人民过春节，从腊月二十三过小年后就开始操办年货，直到正月十五元宵节这段时间，都属于春节范畴。古时无论皇宫还是民间，对于春节都很重视。特别是年三十（除夕）到新年初一更是热闹。深夜11时至凌晨1时（春节时辰子时），家家迎喜神，财神、贵神及上界诸神下凡，在院摆供桌，点香烛，叩拜四方，对天朝礼，谓之迎接神仙，俗称"出天方"，这种信仰习俗一直延续了几千年。初一这天，从周代开始，就有天子率三公九卿、诸侯大夫迎春的礼仪，在民间又有鞭打春牛、送小春牛、送财神、放鞭炮、玩龙灯、耍狮子、贴福字、贴春联、贴春花、猜灯谜等习俗。此外，还有舞龙、迎龙灯等习俗，预祝新的一年国泰民安、万事如意。

永康民俗

民间春节习俗伴随着民族文化的发展而发展，如今炎黄子孙把这一中华民族的节日带到了世界各地，春节成为世界上最有影响的节日之一。在新春节日期间，我国各族人民和各地都会开展多种多样的庆祝活动，尽情欢乐，并有各自的习俗，各显风趣。

岁时之事，先要由岁首说起，而岁首之事，则要先由岁前说起。

在我国大江南北的城镇乡村，一般腊月一到，就开始有年关的气息了，人们开始筹办"迎春"的年货。各地年前的市场上熙熙攘攘，热闹非凡，年货店摊上，吃的、穿的、用的、

年俗种种

玩的琳琅满目，有打上红戳的"年糕"等食品，还有春联、烟花爆竹、大红灯笼、香烛等喜庆用品。年前的市场在一年中商品最为丰富齐全，男女老少都争相购买称心如意的商品。尤其是孩子们，买到

农贸市场每到年关人山人海，购销两旺

鞭炮后往往等不到过年就开始零散着燃放，更增加了新年将到的气氛。

一到年关，永康市下园朱农贸市场的几个大集市就汇集了全市东南西北中的农产品，也吸引了山东、河南、安徽、江西、福建等省一些客商。整个市场上，农产品应有尽有。赶集之日市市都有数万人，多时有七八万人。最近几年年关集市，作者也曾有意去凑凑热闹，买点年货，像干货摊、水果摊前都是人山人海，都要排队才能轮到。永康市各镇街区也有许多集市，如前仓、石柱、舟山、芝英、古山、桥下、西溪、四路、象珠、唐先、倪宅等，连贯起来永康各地几乎天天都有集市，人民生活天天如同过年，热热闹闹、红红火火。

在民间有一首唱过年的民谣：

> 二十三，瓜子粘；
>
> 二十四，扫房日；
>
> 二十五，做豆腐；
>
> 二十六，宰猪羊；
>
> 二十七，去杀鸡；
>
> 二十八，蒸糕发；
>
> 二十九，满屋斗；
>
> 三十日，黑夜坐一宵。

灶神位　　　　　　　　　　　　灶王爷

歌词描绘了人们年终忙碌的情形。

民谣中"二十三，瓜子粘"指的是每年腊月二十三或二十四日祭灶。祭灶是一项在我国民间影响最大、流传极广的习俗。旧时，差不多家家灶间都设有"灶王爷"神位。灶王爷自上一年的除夕就一直留在家中，以保护和监察一家人，到了腊月二十三，灶王爷就要升天去向玉皇大帝汇报这一家人的善行和恶行，送灶神的仪式称为"送灶"或"辞灶"。玉皇大帝根据灶王爷的汇报，再将这一家新的一年中应该得到的吉凶祸福的命运交于灶王爷之手。因此，对这一家人来说，灶王爷的汇报实在具有重大的利害关系。

（一）放鞭炮

爆竹也称爆仗、鞭炮，有两千多年历史。古人在春节期间放鞭炮是为了驱鬼祛邪，清代程原升《幼学珠玑·岁时》中有"爆竹一声除旧，桃符万户更新"之句，爆竹和桃符都是驱鬼祛邪之物，这种习俗一直延续下来。如今，我国人民每逢春节都要买来不少鞭炮、礼花，于春节期间燃放，除夕夜更是通宵达旦，以增加节日欢乐气氛。

现在的爆竹，五花八门，品种繁多，诸如小鞭炮、电光雷、母子雷、射天炮、百头鞭炮、千头鞭炮、万头鞭炮，还有能现变幻之状、喷出种种颜色火焰的"烟花"等等，使节日活动更加绚丽多彩，使传统民俗更显得生机盎然。

（二）扫尘

民歌说：腊月二十四，掸尘扫房子。北方叫扫房，南方叫掸尘。扫尘，古时又称除年，最初始于古代人们除疫祛灾的一种仪式。唐代以后，除尘之风即盛行于全国，后来慢慢演变为年终清洁大扫除，一般选定腊月二十四小年这一天。

而今我国城乡每年逢春节，家家户户都要搞一次大扫除，室内屋外，房前屋后，进行彻底打扫，衣被用具，洗刷一新，干干净净迎新年。扫尘之风俗，反映了我国劳动人民爱清洁、讲卫生的传统美德。

（三）书写春联、贴春联

为了驱邪压灾，求得平安，古时人们把桃符扦在大门旁，驱鬼镇宅。后来人们不仅在桃符上刻神荼、郁垒的名字，还刻灭灾降福的咒语，一年一换。春联是由古代的桃符演变来的，五代时候蜀皇帝孟昶在桃符上自题的"新年纳余庆，佳节号长春"，应该是我国春联之始。

唐朝时，随着文化的兴盛，对联这种艺术形式得到推广；到了宋代，新春贴春联，已成为盛行民间的习俗了。明朝开国皇帝朱元璋建都金陵后，曾在除夕时下旨："公卿士庶之家，须写出春联一副，以缀新年。"以后，无论是官臣门第，还是耕读之家的平民百姓，新春贴春联都成了年末岁首的头等大事，有的融文学、书法于一体，向人们昭示着主人的志向和生活情趣。

年俗华丰中路地段的年关春联一条街种种

赵有照书法作品　　　　　　　　　历山村民贴春联

永康民俗

沿袭至今，每当新年来临，各家各户都要贴春联。

　　每年的寒冬腊月街上都可看到现场挥毫卖春联的临时摊位，在永康城乡一概如此。在永康市华丰中路实验小学对面地段，每年一到年关就有五六十个、多时近百个写春联的临时摊位，这里汇集了永康市民间书法家和书法爱好者，在半个月的时间里，他们书写数万幅春联，既满足了市民的需求，又为自己赚回较为丰厚的过年钱。笔者采访了家住城西虹霓村的村民赵有照，他原先学摄影，2001年参加永康市民俗摄影家协会，进步很快，照片拍得不错；后来到老年大学学书法，书法也写得有模有样。每到年关他就上街摆摊，为市民书写春联，一个多月下来书写近千幅，人虽然辛苦，但有一两万元收入。市新闻媒体采访了他。他说，摆摊既提高了书写水平、促进相互交流，又赚点辛苦钱，可谓"一举两得"。春联用大红纸写，当新年来临之际，千门万户到处是鲜红的春联，显示出一派盎然春色。

　　（四）贴门神

　　为了祈求一家的福寿康宁，至今人们还保留着贴门神的习惯。据说，大门贴上两个门神，一切妖魔鬼怪都会望而生畏。汉代民间已有在门上贴"神荼"、"郁垒"神像的风俗。据《山海经》载：唐太宗李世民生病时，梦里

门　神

常听到鬼哭神嚎之声，以致夜不成眠。这时，大将秦叔宝、尉迟恭二人自告奋勇，全身披挂地站立宫门两侧，结果宫中果然平安无事。李世民认为两位大将太辛苦了，心中过意不去，遂命画工画他俩的威武形象，贴于宫门上，称为"门神"。唐太宗是中国历史上少有的明君，为了让天下的百姓也能康宁幸福，他把这一宫廷习俗推向民间。时至今日，门神的图像依然是以秦叔宝和尉迟恭为原型。

（五）贴年画和贴窗花

很久以前，家家户户的大门上挂着桃符以避邪，后来逐渐变化，至北宋时代衍生出了木刻水印的版画。中国现存最早的年画是宋版《隋朝窈窕呈倾国之芳蓉图》，画面热闹，洋溢着喜庆氛围。

窗花种种

贴窗花

到了宋代，民间过年贴年画就相当普遍了。随着时间的推移，年画的题材也日趋广泛，如表示五谷丰登的春牛、天真可爱的儿童，意味着风调雨顺的花鸟风景等。新中国成立以来，年画、窗花在传统画面的基础上，推陈出新，成为描摹祖国大好山河、表彰古今英雄人物、描绘幸福生活的园地。

（六）吃年饭

在岁末的最后一个晚上，一家人团坐在一起吃饭，称"吃年饭"，取一家人团圆之意，又叫"吃年团饭"。吃年饭往往时间很长，过去有些地方一直吃到天亮，以示"越吃越亮堂"、新年财源宽阔之意。吃年饭的习俗在我国各地各民族不尽相同，一般是北方人吃水饺，南方人则吃一桌丰盛的美味佳肴。年饭菜肴也是各乡各俗，但在永康城乡大致相同，在乡下，尤其是农村杀猪宰羊，鸡、鸭、鱼、肉，应有尽有。

也有在腊月二十八、二十九或在大年初一早上吃年饭的。据说过去一些佃户要早早地吃过年饭，因为吃了年饭，就意味着新年开始，债主们就不会催租要债了。这种习俗一直沿袭下来，也就形成了民间姓不同吃年饭的时间也不一样的风俗了。

除夕，是一年中最使人留恋的一晚。除夕之夜，最为热闹。天一抹黑，孩子们或者半大小伙子，早已拿着香火，东一声、西一响地放起鞭炮来。胆大的放大炮，年幼的一只手捂着耳朵，远远地探着身子，其他小孩两手捂着

永康民俗

丰盛而又喜庆的年夜饭

耳朵，紧张地焦急等待着……此时的情景，即使到了白头都还能记得。

20世纪50年代初中期，笔者家位于前仓镇大陈村，那时全村170多户，700多人口。在以农业林业为主业的乡村，我们这些贫苦人家的孩子，总盼着早点过年好穿件新衣服，吃餐好饭，还可以放鞭炮。每到年卅，家家户户都要谢年、吃年夜饭，我家也不例外。母亲准备一些过年菜，父亲上午就用大锅煮肉，锅里放进猪头（猪是秋天宰的，猪头撒上盐悬挂在房梁上）、鹅、鸭、鸡等。整整煮了半天，下午三四点父亲把肉从锅里捞出来，凉在竹米筛上，我和妹妹莲卿、弟弟昌仁围在灶前，父亲一边掰，一边分给我们吃，可想那时有多高兴呀，到了过年总有大块肉吃到嘴里，尽管是猪头肉，也感觉特别好吃。接着在院子里跟着父亲谢年。谢完年一家团圆，吃上丰盛的年夜饭（饭是用煮肉的大锅汤，加上萝卜丝和米）。

（七）除夕见谢年

"谢年"俗称谢佛，是拜谢天地神佛在一年赐福家门、庇佑平安的礼仪。每当除夕来临，各家各户均在自己的家门口或庭院里，用八仙桌设斋，俗称

八仙斋。八仙桌上，两边红烛高照，木盆里摆着猪头、鹅、鸡，大碗里供着全鱼，还有年糕、鸡蛋面条、两盘红色的果子、豆腐。十只酒杯，十双筷子，长寿香双对20支，表示四季平安，十全十美。酒壶、茶壶各摆两边，表示斋筵"荤素兼备"。设好斋、净过年，点好灯笼，焚好长香，由家长率领全家老少，穿戴新衣新帽，一起进行火浴后，团聚在八仙桌前，虔诚礼拜，肃敬庄严。首先，家长念唱"谢年歌"：

千也谢，万也谢，千谢万谢年卅夜。

一年高一年，年年过好年，一年又一年，年年赚大钱。

福也来，运也来，年年发大财。

一谢天，风调雨顺太平年。

二谢地，五谷丰登，六畜兴旺好收成。

三谢门官和门神，一家老小保平安。

　　歌毕，斟酒，再次跪拜，再斟酒，再跪拜，如此三巡。然后，家长焚烧经卷纸钱，孩子们争放爆竹。霎时间，家家户户爆竹连天，全村都沉浸在欢乐气氛之中。鸣炮后，插长香于门口，表示谢天地，于是收斋撤筵，谢年礼毕。接着分别给山神土地、灶君菩萨等处设斋拜谢，此乃谢年之尾声了。谢过年，一家团坐在一起吃团圆饭，也称"年夜饭"。

永康民俗

大陈村村民在谢年

谢天谢地

（八）守岁

"守岁"就是年三十夜通宵不睡，以迎接新的一年到来，我国许多民族都有守岁的传统习俗。

为什么要守岁？民间通常的说法是人们为了避免受到一种叫"年"的凶猛怪兽的侵害。"年"每隔三百六十五天就窜到人群聚居的地方，趁着夜色，危害百姓，人们便把这可怕的一夜视为关口凶煞，称做"年关"。人们想出了一整套过年办法：每到这一天晚上每家每户都提前做好晚饭点起蜡烛或油灯，躲在屋里吃"年夜饭"，还在吃饭前恭祭祖先，祈求祖先的神灵保佑，

象征守岁

平安地度过这一夜。吃过晚饭后，挤坐在厅堂或床前闲聊壮胆。人们通宵守夜，象征着把一切邪瘟病疫照跑驱走，期待着新的一年吉祥如意。这种风俗逐渐形成了除夕熬年守岁的习俗。

守岁之夜，家家户户红烛高照，桌上摆满切糖、餸、炒花生、水果糖及各种水果糕点，五花八门，极为丰富。如今，守岁不同了，除了吃之外，还看电视、搓麻将、打扑克，尽情地玩个痛快。

守岁风俗沿袭至今。一部分继续保存，大部分则推陈出新。如今，人们多坐在电视机前，观看春节联欢晚会的精彩节目，欢度佳节，辞旧迎新。

（九）方岩山上除夕之夜

2010年除夕之夜，笔者搭乘方岩风景区投资经营公司副总朱北文的车上了趟方岩，亲眼目睹了除夕之夜的热闹场面，同时体验了一番雨雪中的香客是如何抱着一个信念，冒着严寒，不远数百里赶到方岩来拜胡公的。时针指向八时多，我们沿着方岩正南门拾阶而上，雨不大，但是撑着雨伞才能拍片。一路上，香客大挑小担的贡品有全羊、全鸡、猪头、水果及大香等。据了解，上方岩香客来自宁波、宁海、乐清、温州、杭州、萧山、诸暨、绍兴、上海以及本市。在胡公殿前后、殿外摆了四百多张四方桌子，桌子上摆满了贡品。尽管天气不好，但除夕夜上方岩香客足足有七八千人之多，许多香客撑着雨伞、穿着塑料衣挡雨雪。从晚上九点一直到凌晨三点多，几千人在雨雪中守着香烛六七个小时，气温降至零下三四度，却挡不住人们对胡公的崇拜和赞美之意！许多香客冻得嘴唇发紫，一直坚持……为了维护除夕夜方岩山上的安全，方岩镇领导及机关工作人员和经营公司数百名职工坚守岗位，全部在山上值勤。

天公不作美，到了凌晨两点多，雨夹雪越下越大，部分香客撤下贡品，撑着伞、穿着雨衣陆续下山。到了天门、"四大金刚"地段，笔者体验了数千人堵塞近半个小时的艰难情景，脚无处落，人与人挤成一团，雨伞无法打开，笔者紧挨经营公司书记池汝雄，半步一挪走了一趟偏道南岩下山，雨夹雪已经将路面冻成冰，非常滑，我们幸运带了独脚架作支撑，在众人手电筒

光照下一步一挪，路实在太滑还是摔了两次。不到两百米的山路，竟然走了近半个小时，笔者身上的衣裤和鞋早已湿透了。此时，笔者又重温了当年在电视台工作、几乎天天汗流浃背早出晚归的难

拜胡公守岁

来自四面八方的香客涌上方岩山

天　街　　　　　　　　　　　　　　解　签

忘岁月。感悟到人需要一种精神、一种力量。外地一些香客为了某种信仰，驾着私家车，冒着严寒，行走了数百公里，翻山越岭赶到方岩山。作者采访过几位外地香客。其中有一位来自宁海市的三十多岁姓徐的老板，不管天气如何，他几乎年年除夕都在方岩山度过，已经坚持了十几年，据他说还要继续坚持下去。一位宁波的香客告诉我说，每年除夕夜都要举家七八口齐出动，开着两辆私家车外出，到方岩山上度过除夕已经成了全家来年的一件大事。笔者远在宁波的儿媳与她的几位姐姐、姐夫们几乎每年的除夕夜都在方岩山度过，烧香、求佛、求平安。本市香客也不少，有的扛着大香，有的挑着贡品，登上方岩山顶，这些香客之中，大多是经商做生意的，也有求保平安的，有一些年轻人只为休闲观光。

春节期间，各街巷家家户户悬灯结彩。街头巷尾，乡里村庄，到处百艺推陈，各献高技，热闹非凡。乡间多邀请戏班剧团演戏。据了解，每逢春节期间，永康城乡邀请戏班演戏足足有二三百场。到了元宵节还有舞狮子、迎龙灯等种种民俗活动，人们欢天喜地，共度新春。

（十）拜年

春节拜年是一种极富人情味道的礼仪习俗。新年开始，人们走亲串友，登门拜年，互敬节日祝贺，联络感情。

拜年的习俗各地并不相同，在湖南、湖北、安徽、浙江、江苏等广大地区，拜年有"初一崽，初二郎，初三、初四拜团坊"的说法，即大年初一家族成员依次由晚辈向长辈拜年；初二女婿到岳父母家拜年；初三起，亲友、邻居街坊交相拜年，祝贺新春。

过去一些书香门第拜年还兴赠送"拜年贴"，又称贺年片。在一张长15厘米、宽5厘米的红纸正中写着"恭贺新春"四个字，左下角写"×××鞠躬"，这就叫"拜年贴"。除对至亲长者和上级必须登门拜年外，一般朋友、同事均以互送"贺年片"代替登门拜年。后来这种贺年片可通过邮局寄送，发展成为一种简便省时的好方式。

春节里的一项重要活动，是到亲朋好友和邻居那里祝贺新春，又称拜年。我国拜年的习俗行之已久，古时有拜年和贺年之分。拜年是向长辈叩岁，贺年是平辈互相道贺。每年年终，永康市市委、政府在永康宾馆举行一次团拜活动，笔者应邀参加过八次。也有些社会团体、企业大家聚在一起互相祝贺。

永康城乡"拜年"习俗流传甚广，几乎家家户户都要"拜年"，从年初二就开始走动，小辈给长辈、晚辈给前辈"拜年"。笔者至今仍记忆犹新的

居住在山区的村民正在外出拜年

笔者家人去历山拜年

是在小时候，父亲为了去外婆家"拜年"早早准备了"拜年货"，有炒米粉、金针肉等。年初二一早就出发，走小路翻山越岭，步行七十华里到缙云县壶镇世民坑村"拜年"。因年小，父亲就让笔者坐在小箩筐里，另一头是"拜年货"。从前仓镇大陈村出发经前仓、法莲寺、舟山再到壶镇世民坑外公外婆家，走的全是小路和山道，几乎每次都要七八个小时。到了外公外婆家，长辈们对笔者宠爱有加，送红包、放鞭炮、做好吃的。住上一两天，与邻居们一起玩玩，到了第三天开始返回。父亲又步行二三十华里返回舟山乡道坦村娘姨家住上一个晚上，与表弟表妹们尽尽兴，再返回大陈。拜一次年来回四天。这样，父亲挑着笔者去外公家"拜年"持续了四五年，后来长大一些，笔者就跟在父亲后面。再后来上了初中，不用父亲去了，笔者用小扁担挑着"拜年货"，带着妹妹和弟弟一起去拜年了。20世纪70年代，笔者从部队返回探亲时，外公外婆已经不在了，如今娘舅、娘姨也都不在了，我们去得也少了。

永康民俗

元宵节

春节刚过去，神州大地还到处弥漫着过年的气息，人们余兴尚浓。到了正月十五夜，天边明月升起，地上灯火辉煌，早春的夜晚已是一片温馨的气象。城乡各地张灯结彩，歌舞游乐，做汤圆、放烟花、迎龙灯，到处洋溢着节日的气氛。人们特别珍惜这时的良辰光阴，真可谓"春宵一刻值千金"。

一　正月十五闹元宵

元宵节是我国民间最隆重的节日之一，民间"正月十五闹元宵"在我国已有悠久的历史。元宵节始于两千多年前的汉代。汉高祖刘邦死后，吕后篡权。吕后死后，汉文帝刘恒在周勃、陈平等人协助下铲除诸吕势力后，登基做了皇帝。因为戡平诸吕的日子是正月十五，所以，每逢这天晚上，汉文帝都要微服私访，到街上玩，"与民同乐"，以示纪念。在古代，夜同宵，正月又称元月，于是，汉文帝就将正月十五定为元宵节，这一夜称做元宵，又称元夜、元夕。

二　吃汤圆

元宵节吃汤圆，已有一千多年的历史了，它象征着全家团圆，圆满幸福。

正月十五日为什么要吃"汤圆"呢？

民间有这样的说法：唐朝大将郭子仪平定了安史之乱，击退了外来侵略。公元765年，他又领兵打败了吐蕃兵。当时得胜回到长安时已是正月十五日元宵节了。唐代宗李豫想到郭将军屡建大功，可得犒劳一番，决定设宴做点特殊风味的奇异食品来招待，便传旨御膳房照办。

汤　圆

对于"圣旨"奇异食品，厨师们连见都没见过，怎么做呢？后来，有一位老厨师在剥熟鸡蛋时受到启发，把糯米磨成粉，以白糖、红枣、核桃仁拌上香油做馅，用糯米粉包起来煮熟。于是，大伙七手八脚一鼓作气干了个通宵，做了上千个雪白雪白的小圆球。

正月十五这天，郭子仪进宫赴宴。厨师们把蒸煮的圆球端上桌，皇帝一看，碗里一个个圆溜溜的白团团，从未见过，放嘴里一咬，连声赞道："别有风味，好！好！"又对郭子仪说："郭将军，这是朕命御膳房特意为你做的奇异食品，请吧！"皇帝边吃边说："国土完整，百姓家家团圆，安居乐业，所以这东西应该叫'唐圆'。"皇帝正月十五吃"唐圆"的事一传十，十传百，变成了民间以后的习俗。因为这种食品是水煮的，而且带汤，后来人们就叫它"汤圆"。

各式各样的灯谜

三　猜灯谜

猜灯谜是随着元宵放灯而发展起来的一种游艺活动，即把谜语条贴在灯上面，供大家猜。南宋时就有了猜谜的习俗，到清代制谜猜谜已成为文人墨客的专好，而且品位越来越高。也有人将谜语写在花灯上，借以针砭时弊，讥讽坏人坏事，相沿成习，流传至今。

四　紫薇园花灯红红火火

虎年新春灯会由永康市文化新闻出版局主办，灯会主要分为两块：一块在紫薇中路张挂 2010 盏灯笼，寓意 2010 年永康市人民生活红红火火；另一块在紫薇园内由 20 盏花灯组成，这些灯均来自花灯之都——四川自贡。此外，在许多花灯上悬挂着灯谜，人们不仅可以赏灯，还可以猜灯谜。延绵的彩灯美不胜收，"白雪公主和七个小矮人"、"孔雀拍春"等彩灯造型优美，栩栩如生的花灯让市民流连忘返。

市文化局党组成员郑杰仁说，从年初一开灯到初五晚上，已经有两万多市民来紫薇园赏灯过节。这么多的灯里，人气最旺的是"群虎闹春"，因为大家都想在虎年里沾点"虎气"。

从二月二十三日（正月初十）开始，灯会还增添二十组有永康特色的方岩派特色花灯。同时，开展猜灯谜等互动活动，为新春佳节增添喜庆的色彩。

永康民俗

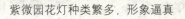

紫微园花灯种类繁多，形象逼真

五　元宵到龙灯俏

耍龙灯，也称舞龙或龙舞。历史上可以追溯到上古时代。据文字记载的龙舞，是汉代张衡的《西京赋》，作者在百戏的叙述中对龙舞作了生动的描绘。

龙舞流行于我国许多地方。中华民族崇尚龙，把龙作为吉祥的象征。李时珍《本草纲目》说"龙"其形有九：头似蛇、角似鹿、眼似鬼、耳似牛、颈似蛇、腹似蜃、鳞似鱼、爪似鹰、掌似虎是也。在古人的心目中，龙能呼风唤雨、消灾除疫，而我国自古即希望得到龙的庇佑，由此形成了在祭祀时舞龙和在元宵节舞龙灯的习俗。在长期的发展演变中，舞龙也形成许多不同的形式，主要有舞龙、布龙等。龙灯也称"火龙"，流行最为广泛。这种龙由竹篾扎成龙首、龙身、龙尾，上面糊纸，再画上色彩。龙身节数可多可少，有几十节、多者上百节甚至几百节。每节中点燃蜡烛，下面装有供舞者手持的木柄，龙前一人举红色绸珠指挥龙舞。

六　560 桥千米长龙闹元宵

2010 年正月十四元宵节前一天，一条由 560 桥板凳花灯组成的"巨龙"从唐先镇桐溪村蜿蜒而出，沿着东永二线、唐先镇老街，延绵近千米，壮观的场面吸引了四面八方的村民和过路人。

这是永康乡村有史以来最为壮观的龙灯。笔者所在市民俗摄影家协会一

桐溪村龙灯

行十余人应影友周绍法之邀，见证了这一壮观场面。

"长这么大，还是第一次看到这么长的龙灯，以前听说三四百桥龙灯已经很长了，今天这条太霸气了！"几名看新鲜的村民说。

夜色中，这条长龙沿着公路，从桐溪迎到大后村。龙灯沿着村道，把祝福送到每户村民家中。

迎龙灯的村民似乎有使不完的劲，扛着桥灯，脸上是春日拂面，脚下是步步生风，唢呐吹出喜庆声，烟花在新农村上空绽放。

据了解，桐溪村经过新农村建设，村容村貌和村民生活水平有大幅度改善。新年正月初六，新建的文化中心落成，来自唐先镇的各村民俗活动会集在文化中心广场，增添了新年的喜庆气氛。曾担任多届村党支书的村民主任潘双喜接受采访时说，今年的传统元宵节迎龙灯活动得到了大多数村民的响应，也得到了村办厂能人的支持。大家纷纷报名，有的企业一家就迎了一百多桥，有的村民一户也迎了二十多桥，一合计比往年增加了一倍多。

七 上马迎和谐灯

2007年元宵和2011年元宵节，笔者随影友前往西溪镇的上马村见证了上马迎和谐灯。正月十六傍晚正是迎龙灯的日子，时辰一到，只见各户迎龙灯者，火浴净身后，放火炮"出门"，灯衣全红，各家的龙灯出门后，先浩浩荡荡走"上殿"（本保殿）。300桥龙灯会集广场。随着锣鼓声和鞭炮声，龙灯在广场上"盘龙"（团灯），"盘龙"是迎龙灯最热烈、最精彩的舞龙场面、也是观灯者最向往、最兴奋的时刻。在广场上，"单旋"、"双旋"、折经摺等一招一式让人眼花缭乱。三百多米长的龙灯蜿蜒缠绕，千姿百态，

永康民俗

变幻无穷。喜庆之夜，全村男女老少，倾家而出，上街观灯。团灯后，迎灯队伍又沿溪巡游于上马至百念秤、义门到棠溪的溪边，时而又在百念秤、义门的广场上飞舞。龙灯返回上马村，每到一处村民们都以鞭炮相迎，沿村中路飞舞，最后龙灯落脚八份厅的大厅、后厅、前厅和部分村民的住处，村民们纷纷揣上板凳上戏台观灯。一条长达300多米的巨龙，在锣鼓炮声中游进了"八份厅"剪和谷。大厅内有四根柱子，两边还隔了间，方圆不过三百平方米，巨龙在厅内旋转，而且要绕过每根柱子，如果不是亲眼所见，难以置信。然而巨龙非常温顺地按照舞灯者的意图在大厅内旋转，听不到半句的争吵埋怨声。一条300多米的长龙需要五六百人参与，配合得如此之好，在其他乡村少见。据了解，上马村每年都有龙灯闹元宵。谁家喜得贵子谁家出灯，龙灯由老年协会操办，上马村二委村干部带头，参与其中。上马龙灯迎得平安和谐，许多城里市民也前来观看。

上马村龙灯

八　太平新村"巨龙"盘旋"太平湖"

　　元宵节，一条"巨龙"早就盘卧在太平湖尾的操场上。午时，龙灯先进本保殿，时而向内，时而向外，龙头龙尾配合默契，附近的村民纷纷登上楼顶观灯，尤其是来自金华、丽水、东阳、武义、缙云等地摄影家和摄影爱好者操起"长枪短炮"，拍了个过瘾。早上八点出发，长龙前往太平村及吕氏宗祠，在宗祠转了一圈。按照一比二的比例，太平村有近千人参加迎龙灯活动。村民主任吕泽亮告诉笔者，太平新村环境优美，背靠东屏山，面对太平湖。该村要发扬自身优势，除一年一度闹元宵迎龙灯活动外，还要举办"赏荷花、采莲子"等民俗文艺表演活动，并逐步走与开发旅游相结合的路子。

太平新村龙灯

九　大型踩街活动乐翻永康城

大地春，永康美，金狮闹佳节。千树花，万户灯，快乐在今宵。

正月十八（2月20日）傍晚，一场规模浩大、盛况空前的踩街活动在永康城街巷隆重上演。

无论是摆擂的大狮子，还是"九狮图"里的小狮子，一只只金狮、银狮或摇头眨眼或上蹿下跳，真是生龙活虎，夺人眼球。十八蝴蝶和十八蚌壳的扮相生动飘逸，舞姿优美动人，观后令人身心愉悦，流连忘返。

瞧，由周塘村妇女们迎的六十盏荷花灯徐徐走来，或晶莹剔透，或五彩斑斓，真是"一夜花灯醉，只等春意浓"。

118桥桥灯连成一条长龙，清一色的娘子军，无论年逾花甲还是正值年少，均极尽所能，令一条蜿蜒巨龙不断凌空而起，恰如蛟龙出海，气势如虹。

最可爱的还数台阁上的娃娃们，"还珠格格"、"封神榜"、"梁山伯祝英台"、"八仙过海"……一招一式，一颦一笑，令人忍俊不禁，开怀畅笑。

城西周塘村闹元宵

永康民俗

游行队伍经过了飞凤路、华丰路、胜利街、紫薇路、松石路等处，并在世纪广场、体育馆等地进行了现场表演。所到之处，人山人海，看热闹的市民都伸长脖子观看或掏出手机拍下难忘的瞬间。笔者至少有十来年没看过这样热闹的迎灯表演，实在太精彩了！市民们纷纷跟随游行方阵，连呼过瘾。据了解，此次"闹元宵庆三八"大型活动由西城街道周塘经济合作社主办，群升步阳集团协办。队伍共有七百多位演员，由九个方阵组成，包括舞狮、花灯、十八蝴蝶、十八蚌壳、台阁、腰鼓、布龙、桥灯等，真可谓是永康民俗表演的大集结。

十　五星社区闹元宵大展民俗文化

2012年正月十二日晚，在永康城区上演了一场大型踩街秀。在本年城区的迎灯活动中，其规模最大，花灯数量最多，带来这场民俗饕餮盛宴的，正是城西新区五星社区。

城西新区五星社区是永康市首个农村社区，由前山头村、小东陈村、桐塘头村、王慈溪村、楼塘村5个行政村组建而成，共有常住人口2800余人。

此次踩街活动共分"锣鼓喧天"、"马到成功"、"富贵呈祥"、"龙吟狮舞"四个方阵，共斥资三百万元，参与人员都是社区村民，总人数达上千人。下午五时左右，踩街队伍从永二中大院正式出发，在城区各主要道路绕上一圈，最后回到五星社区。

瞧，高大炫目的彩车来啦！彩车上方的城市模型是五星社区居住中心的规划远景。彩车设计以金色为主色调，寓意社区的明天将收获新希望。

谁说女子不如男。在"锣鼓喧天"方阵中，鼓手皆为清一色娘子军，彩车上打头炮的，就是三位年轻漂亮的"80后"美眉，她们看上去柔柔弱弱，敲起大鼓却劲头十足。

"好大的纸马啊！"这时不少市民突然高呼起来，50匹高大威武的骏马昂首而来。相传在几百年前，五星社区下辖的王慈溪村、桐塘头村和楼塘村三个村连建了三座宝殿，殿里供奉的神像都是胡公，当时纸马就是为了孝敬胡公的。每年春分，三个村都会依次轮流举行迎纸马活动，延续至今成了传统春节文化活动。

最受孩子和女士们青睐的花灯队伍来啦！这队伍由 12 对栩栩如生的 12 生肖和 26 盏造型美观的牡丹花灯组成。

2011 年就开始准备，队伍有一公里长，五星社区此次大型踩街活动，可谓城市民间活动的一大盛典。据了解，为搞好此次活动，社区在 2011 年 7 月份就组织几位熟知传统民间文化的老人开始筹备，几个方阵的用具，如龙头、狮子、纸马等都由几位老师亲手设计。

社区五个村的干部群众更是热情高涨，积极配合。他们纷纷出谋划策，放下自家活计，勤学苦练，其中很大一部分还是年逾六旬的老人。

比如舞狮方阵中，狮子的灵动全凭师傅拉动手中的绳子。王庭祥师傅是王慈溪村人，已 70 多岁，虽然头发花白，舞起狮来，则是精神抖擞，身手灵活多变，毫不逊于小伙子。"不累，不累，我是越舞越带劲啦！" "太好看、太漂亮啦！我要一直跟着他们！" 在大司巷小学就读的徐翊铭小朋友在家人带领下，正一蹦一跳地跟在队伍后面，已经走了好几里路，开心极了。

"晚上有个豪华灯会，大家去看看！" 2 日下午，得知消息后，凤凰公益志愿者永康站的许多网友自发组织起来，相约一起前往观看。

永康民俗

"我们都是带孩子去的，不仅可以图个热闹，还能让他们直观地领略到永康的民俗文化。"

踩街活动中，一阵阵鞭炮响起，礼花不断升起，绚丽的灯火和天上的星光连成一片，升腾了

五星社区闹元宵

簇簇似乎永不熄灭的火花，着实把永城大地打扮得多彩多姿，披上了节日的盛装。

据统计，当晚有数万市民观看了此次踩街活动。

十一　大陈布龙庆新貌

前仓镇大陈村经过"三清四改"和村庄整治，如今是"村新、人新、村貌新"，村里处处是亮点。过去由男人们上阵的板桥灯，2012年的元宵节改由村委李淑芳和妇女主任应仙球带领下的清一色的娘子军——由50名妇女组成的妇女舞龙队。村里投资近万元，从新店李志汝处购进两条四十米长的布龙，并为每名队员配发一套演出服。这一天由中老年妇女组成的舞龙队出发了，年长者为70岁的舒月娥。从正月十二至十四三天时间里，这支浩浩荡荡的娘子军舞龙队分别去了盘龙谷、后垅自然村、林场和朱坑口水厂等地，每天都要行走20华里路，送去新年的祝福与吉祥。这支队伍的两条彩色布龙队，

大陈布龙迎新春

永康民俗

统一身穿喜庆的红装，撑着灯在大街小巷中来回穿梭，她们还到朱坑口企业门口，点龙头讨利市，所到之处锣鼓鞭炮齐鸣，为新春讨个好彩头。正在忙碌着的妇女主任应仙球乐呵呵地对笔者说：今年迎龙灯是村二委两年前就下了决心要闹一下的，所以大家都很起劲。

应仙球还说："这两年村里喜事多多，如今村里大街小巷有平坦的水泥路，迎龙灯方便多了。迎龙灯是一个传统习俗，妇女们这么积极参与，也是为了讨个好彩头，希望新年身体健康，同时祝福大陈村新年有新发展。"

十二　后浅水灯

2012 年 3 月 6 日是农历二月初二，民间自古有"二月二，龙抬头"的说法。而这天恰逢二十四节气中的"惊蛰"，这种巧合每隔十九年才有。

后浅水灯历史悠久，据传说有数百年历史，由于种种原因失传多年。后浅村于 1992 年恢复这一古老奇观后，先后组织了五次放灯活动。2012 年的水灯档次高，充分展示了后浅的文化底蕴与健康向上精神。

水灯节共有300多盏水灯，300多个品种，自家设计自家安装投放，原则是每户农家必须出灯一盏，多者不限。

天虽下着雨，但溪两岸站满了观众。在放水灯上游投放点，只见投放维护人员冒着寒冷，泡着齐腰深的水指挥各户按顺序投放。在一百米长的溪流两岸有不少拿着竹竿维护水灯安全的工作人员。笔者从上游一直拍到下游。人们撑着伞冒雨赏灯，从晚上七点开始到九点结束，历时两个小时。"要不是下雨，计划再放一次。"村支书说。在投放过程中，溪中桥台上广播喇叭，主办方对下雨给赏灯群众带来诸多不便表现歉意。后浅村的人热情好客，给观众留下深刻的印象。后浅村党支部书记介绍，后浅村计划明年在杭州投放水灯，打响这一品牌。

据了解，后浅水灯已被列入永康市非物质文化遗产保护名录。

后浅村民自制各式水灯

十三 水上舞台

紫薇园内水上舞台成了永康市民俗文化表演的大舞台，每逢元宵节、七夕、重阳节等重要的民间节庆，市文化新闻出版局都要组织有地方特色的民间文艺表演，这吸引了周围的众多市民。在 2010 年元宵晚会上，水上舞台演出了十五个文艺节目，有临溪武校的"舞狮"、蒲公英舞蹈坊"虎娃闹春"、文化馆"牧民新歌"、象珠官川闹元宵"龙腾虎跃"、汤慧华越剧"金玉良缘"、

水上舞台

王莹莹舞蹈"吉祥如意"等。

　　市文化新闻出版局 7 月份在水上舞台举行了婺剧《花抬头》等文艺表演。水上舞台作为传播传统文化、弘扬精神文明的一个重要场所，每次演出都会吸引上千观众。

清　明

　　清明，在我国含有双层含义，它既是节气，又是节日。清明，在遥远的周代就已经流行，古时很重视这个节气，先辈们留下了很多清明习俗。

一　插柳栽柳

　　据说，插柳的风俗，是为了纪念"教民稼穑"的农事祖师神农氏的。在有的地方，人们把柳枝插在屋檐下，以预报天气，古谚有"柳条清，雨蒙蒙，柳条干，晴了天"的说法。黄巢起义时规定，以"清明为期，栽柳为号"。起义失败后栽柳的习俗渐被淘汰，只是插柳盛行不衰。杨柳有强大的生命力，俗话说："有心栽花花不开，无心插柳柳成荫"。柳条插土就能活，插到哪里，活到哪里，年年插柳，处处成荫。

　　清明插柳栽柳还有一种说法：原来中国以清明、七月半为鬼节，是百鬼

春风到柳枝俏

出没讨索之时，人们为防止鬼的侵扰迫害而插柳栽柳。柳在人们的心目中有辟邪的功能，受佛教的影响，人们认为柳可以驱鬼而称之为"鬼怖木"。观世音以柳枝沾水济度众生。北魏贾思勰《齐民要术》里说，"取柳枝著户上，百鬼不入家"。清明就是鬼节，值此柳枝发芽时节，人们自然纷纷插柳戴柳以辟邪了。

3月12日，国家定为植树节，绿化祖国、造福人民，已成为全国亿万人民的共同心声。在永康每年的植树节，市委、市政府主要领导都要带领机关干部参加植树活动，林业部门更是忙得不亦乐乎，指导全市的绿化造林工作取得骄人成绩。前些年全市农村开展的"三清四改"和美丽新农村建设中，市委、市政府把绿化造林美化乡村当做一项重要指标。新农村变得山更青、天更蓝、环境更优美，广大农民的居住环境和生活质量有明显的改善。

二　清明祭祖扫墓

近些年来，笔者有意分别在清明前参加了规模较大的后吴村吴氏祭祖活动和吕氏宗祠的祭祖活动，在2010年还目睹了象珠镇雅吕村和前仓镇大陈村陈氏清明祭祖扫墓活动。

3月22日是一个寒冷的阴天，笔者为了参加大陈太祖的祭祖活动，早早起床让小弟朝成送至大陈，在胞弟昌仁家吃过早饭去了大陈宗祠。不一会儿工夫陈氏宗亲从四面八方赶来了，武义县少妃村、缙云县兆岸村、本市的石柱镇麻车头村和姚山村，足足有一百多人，在刚修好的水泥操场停了二十多辆小轿车。

大陈村清明祭祖扫墓

大陈本村的也陆续来了，
九时许，掌管开路的鸣炮
手点响了炮。两位吹乐高
手，吹响了欢快的唢呐，
一支二百多人的祭祖扫墓
队伍浩浩荡荡从"宗祠"
前起步，经过溪沿水泥路

穿过上桥头直奔位于山脚的塘头村太祖陈旺公墓。到达时已有许许多多族亲
祭祖者在祭祖。在热闹声中，陈文有向参加祭祖者介绍了陈旺公族谱："至
今已是三十八代子孙，大陈本村的太祖是第五代……"这两座墓相隔不到
二百米，大家先后去祭祖。

约十一时许返回宗祠后，村老年协会在大厅里摆了 20 桌较为丰盛的午
餐款待来自四方的陈氏宗亲。据了解，这些宗亲所在村均由村支书和村民主
任或者老年协会会长带队，可见对祭祖的重视。晚上，村里参加祭祖的本村
宗亲聚餐。

雅吕村，仰平始祖十二富君祭，总太公（太祖已故 840 年）8 岁移居山上、
山中及山下，发展成如今的吕氏村庄，如今其坟基仍在山上。村里投资 3 万
元修了凉亭坟，并为此成立了仰平基金会来操办祭祖一事，具体由基金会成

雅吕祭祖

员吕金崇（77 岁）操办。每年参加祭祖的包括浦江、义乌、东阳、长畈、深塘及市内吕氏乡村 230 多人。祖坟离村庄约 3 华里，在 300 多米高的仰平山上，由吕金崇讲祖宗的历史典故，89 岁的吕连起同时宣讲。每年参加祭祖的多则七八百人，少则五六百人，时间安排在清明前十天的星期天，男女老少都可参加。那日，笔者与影友早早骑上车，经过一个多小时赶到雅吕，急急忙忙追赶祭祖队伍，终于赶到队伍前头。九时许开始了祭祖，九点半下了山，村里还为参加祭祖的宗亲准备了丰盛的午餐。

程序一般为：奏乐、主祭人就位，执事人各行其是，众人肃立、行三鞠躬，主祭人跪下上香三次，众人下跪，主祭人念祭文，焚香、鸣炮奏乐，整个祭祖仪式大约二十分钟。

三　陈氏祭祖——兆岸印象

农历二月二十三日，大陈陈氏宗亲早早集合在陈氏宗祠前汇合，由老年协会安排大巴车，因为要去缙云县兆岸村陈氏始祖坟扫墓，笔者也搭乘村民主任陈泽胜的专车一同前往。兆岸村离县城东南角约十华里，在一个半丘陵的山区里，环境优美，山清水秀。陈氏始祖的祖墓就坐落在离村约三华里的水库后，这里可称得上风景这边独好。上午八时许，我们与兆岸村的宗亲二百余人，浩浩荡荡向祖墓进发，经半个小时陆陆续续到了水库边。随行的

孩子们更是兴奋有加。在祭祖人群中，既有八十高龄的老翁，也有六七岁的儿童。孩子们趁此星期天一是踏青、二是接受传统再教育。到了祖墓后，标青、点香、摆供品、烧香纸，祝愿

始祖九泉下平平安安、生活富足，保佑后人健康长寿、事事如意。返回兆岸后，参观兆岸的会堂和宗祠，颇受启发，一致称赞他们的宗祠保存得好、修缮得好，值得大陈族亲学习。

陈氏宗亲兆岸祭祖扫墓

　　十时许，在兆岸村党支部书记主持下，举行了简短的祭祖仪式。大陈宗亲代表，村支书陈子毅、村民主任陈泽胜应邀参祭。主持人一行带领参祭宗亲一拜、二拜、三拜，到一敬、二敬、三敬，读祭文、礼毕后，兆岸宗亲在陈氏宗祠摆起了二百多桌丰盛的午宴，热情款待大陈宗亲和当地宗亲。兆岸村还为大陈宗亲去游览仙都风景区免了门票。宗亲相聚格外亲，这也是中华民族的传统美德，但愿这种和谐中华的风气越来越浓。

　　在吴氏祭祖和吕氏宗祠祭祖仪式上安排有文艺表演节目，热闹非凡，吸引了市内外数百名摄影家和摄影爱好者及众多周边的群众前来观看。

四　祖坟寄托哀思

　　前仓镇大陈村是笔者小时成长的地方。农民出身的父陈群柳、母胡彩菊

含辛茹苦抚养兄弟姐妹四人。1959年笔者参了军，后转业新疆工作，80年代父母相继去世，多亏胞弟昌仁夫妇守候在他们身边，笔者因未能为父母送终而深感内疚。80年代末笔者从新疆调回永康电视台工作后，兄弟们商量，要把父母遗骨重新安葬，建一座永久性坟墓，以寄托我们的哀思。1994年秋，笔者兄弟姐妹四人将父母从岩塘山迁回历山脚下的黄沙潭，建了

永康民俗

为先祖重新安葬过程

座永久性的坟墓，并在墓周围栽了绿化树和水果树。将爷爷奶奶的坟也立上了碑，以便后代清明扫墓。从此，笔者兄弟姐妹在每年的清明节都要给爷爷奶奶、父母的墓地扫墓。如今，墓地已是绿树成荫，如同花果山，前面是一口小池塘，背靠历山，左右山脉连，风光无限好，难怪风水先生说，这是一块宝地。笔者也曾对小弟开玩笑说：百年后，我们也来陪伴父母。如今，大陈经过"三清四改、村庄整治"，村容村貌发生了根本性的变化，从大陈至后垅的水泥路面也即将修建。每当笔者返回大陈时，也常去看看他们，告慰九泉之下的父母："大陈变美了，大陈成了永康市的美丽乡村！村民生活变好了，社会越来越进步了。"

五　踏青

清明时逢阳春三月，春光春色，春山春水，到处呈现出一派生机勃勃的景象，正是旅游的大好时光。我国民间长期保持着清明踏青的习俗。据宋朝史籍记载，清明前后十天，城中女士金翠玻璃，摩肩接踵，翩翩游赏，画船箫鼓，终日不绝。人们邀集好友，或成群结队举家出动，或扶老携幼远足郊外，游戏田间，投向大自然。宋代踏青之风盛行，著名画家张择端的风俗画《清明上河图》，就极其生动地描绘了宋代清明时节京城百姓踏青远足的热闹情景，宋代诗人张先在《玉楼春》中这样写道："龙头舴艋吴儿竞，笋柱秋千游女并。芳洲拾翠暮忘归，秀野踏青来不定。"欧阳修在《阮郎归》中有"南园春半踏青时，风和闻马嘶"，吴惟信的《苏堤清明即事》中有"梨花风起正清明，游子寻春半出城"之句，这些都是文人墨客在春游踏青时留下的名诗丽章。

近二十年来，在春暖花开时节，笔者也应朋友之邀先后去了绍兴、宁波、桃花岛、景宁、西塘、新昌、嵊县、仙居、湖州、丽水、遂昌、云和、缙云等地采风欣赏大自然。前些年每逢清明，笔者与妻子也常去后仁、后吴祖先墓地扫墓、踏青，放飞心情。

永康民俗

踏青放飞心情

六　放风筝

放风筝是清明前人们尤其是儿童最爱玩的游戏，在我国已有两千多年历史。此时，春风由下往上吹，最适合放风筝。春秋时期，有位公输班，即神话中的"鲁班"，会做木鸢，成而飞之，三日不下。据说公输班曾坐着木鸢窥察过宋国的城市。楚汉相争时，大将韩信把项羽的楚军包围在垓下。韩信为瓦解楚军，令人制作了一只大风筝，找了一个瘦小的人，坐风筝到楚营上空，弹奏起楚曲，凄凉的歌声引起楚军士兵的思乡之情，这就是历史上的"悲歌散楚"。有部将割据称王，反抗刘邦，韩信趁机反汉，也曾放出风筝测量到汉宫的距离，企图用挖地道的方法攻入宫中。南北朝时期，梁武帝在台城被侯景叛军围困，大臣羊侃曾用风筝系上诏书，招来援军救驾。风筝真正的命名，《询刍录》有云，"风筝"即纸鸢，又名风鸢，五代时李邺于宫中做纸鸢，引线采风为对，后于鸢首以竹为笛，使风入作声如"筝"鸣。风筝最初只是军事上传递消息的工具，以后逐渐演变为一种娱乐玩具。起初只限于皇宫贵族中的公子佳人玩赏，到了宋代以后，才成为民间群众喜爱的一种活动，从此流传下来。这种美丽的民间工艺品和娱乐品，历来受到文学家的青睐。《北

风筝高高飞　心情无限好

京竹枝词》也对风筝有生动的描绘：

> 风鸢放出万人看，千丈麻绳系竹竿；
>
> 天下太平新样巧，一行飞上碧云端。

　　早在清朝时风筝已在扎、糊、绘、放四艺上发展到相当精致的程度。我国的风筝品种较多，有的风筝还装有灯彩，夜里如同红星闪耀，妙趣横生。此外，古代放风筝又是与放晦气联系在一起的。《红楼梦》中描写林黛玉不想将制作精巧的风筝放掉。李纨劝她，"放风筝图的是这一乐，所以又说放晦气，你更该多放些，把你这病根儿带了去就好了"。而当紫鹃要去拾断了线的无主风筝时，探春又劝阻说："拾人走了的，也不嫌个忌讳？"可见古人放风筝是消灾祛难的手段，不能去拾别人的风筝，以免沾上别人的晦气。也有人在放风筝时，把所有的烦恼都写在纸上，让它随风飞上天，让一切烦恼都随风而去。放风筝传到今天，这层意思已经淡化，变成了一种人们喜爱的娱乐活动。每年清明，在山东潍坊举行国际风筝节。

　　在永康城里，一进农历二月，春暖花开季节，在永康江两岸、五金广场、丽州广场、体育馆等地到处可见卖风筝的商家和玩风筝的男男女女。如今，时代不同了，放风筝纯属一种娱乐，放松心情，也是赏春、游春的活动之一。

七　话青团

青团是清明节的食品。过去人们制作青团，先用麦青捣烂取汁，以水化石灰搅拌，等沉淀后取用上层青汁，再与糯米粉调拌成粉团。这种制青团的方法，多数在手工作坊里采用。民间尤其是浙江一带地区，既不用麦青，也不用石灰，而是用一种黄花艾，将其在石臼中捣烂，直接和糯米粉制作成青团。黄花艾，又叫清明菜、老鼠草，味干、性平、无毒，有香味，糯性，含大量胡萝卜素，有祛痰、镇咳的作用，对非感染溃疡疗效很好。黄花艾制作的青团，滑润香甜，论食论序，均为上品。

青团的历史已有八十年之多。时至今日，每到清明，百姓买青团、吃青团已成为习俗。

各式青团

这些习俗和活动，大大丰富了清明节的内容。清明自宋代以后，就成了和元宵、中秋等佳节同等重要的节令，有一句所谓"朝朝寒食，夜夜元宵"的俗话，形容清明节的热闹，同元宵灯市一样。宋代文学家苏轼有句著名的诗"人生看得几清明"，可见人们对清明节何等重视。

在华丰菜场西边农工商超市门外，有一对做水果生意的中年夫妇，八字祥人，男的叫陈道容，50岁，女的叫柳锈林，48岁，他们不怕辛苦，用水果生意赚来的钱，培养三个孩子上了大学。他们夫妇俩，心灵手巧，一过元宵就歇下水果生意做起青团，生意十分红火，各式青团应有尽有，深受消费者的喜爱。

像他们这样从棠溪、永祥、柏岩、中山等山沟里走出来的人，从事不同的行业，有的买了房有的买了车，生活比一些城里人还富裕。

端　午

农历五月初五是端午节，又称"端午"或"端阳"，是我国民间传统三大节日（春节、端午、中秋）之一，受到全国各地重视。

农历五月是天灾人祸的频发季节，在古代最不受人们欢迎。因为五月期间，黄河、长江流域都是汛期，常有水灾发生；雨水多，湿度大，细菌病毒繁殖快，流行病症多。但是诗人屈原在公元前278年农历五月初五抱石自沉汨罗江，之后人们在每年的这一天纷纷把食物投入江中祭奠他，划龙舟纪念他。把端午节和纪念屈原联系起来，慢慢地人们改变了对五月的看法。到了唐朝，端午被正式定为大节。每年端午节，我国各地都要赛龙舟、吃粽子、挂菖蒲、插艾叶以纪念这位伟大的民族诗人。

一　赛龙舟

龙，是中华民族的图腾。龙舟是用木雕的有龙头龙尾的小船。每逢端午，将木雕的龙头安置在船首，龙尾安置在船尾，船就变成了龙舟。

北宋政治家，诗人余靖《端午日寄酒蔗回都官》的诗中有一句是"龙舟争快楚江边，吊屈谁知特怆神"，反映了一千多年前，我国民间就有了赛龙舟、吊屈原的习俗，相沿至今，长久不衰。

新中国成立前，各地赛龙舟的方式多有不同。如长江中下游一带，江河湖泊边的村镇，赛龙舟一般分红、白、蓝、黄四队，组织者定一个终点，谁先到，谁就是胜利者。竞赛时各条龙舟均听鼓下桡，舟行似箭，两岸观众摇旗呐喊，燃放鞭炮助威，声震云霄，十分热闹。胜利者，观众纷纷敬酒、挂红、放鞭炮表示祝贺。

2009年五月，在太平水库西侧，由唐先镇太平新村举办的宣莲采摘文化旅游节上，举行了永康历史上较为隆重、规模宏大的赛龙舟活动。据太平新村村民主任吕泽亮介绍，参加这次赛龙舟活动的共有八条龙舟，他们之中，有村里统一组织的，也有企业出资筹办的，在竞赛中，还安排捕鱼、抢水鸭等活动。通过这些活动，把太平水库的丰富旅游资源开发出来。在九月九重阳节时，龙山镇太平村趁着"哈尔斯"杯全国摄影大赛之机，也推出了赛龙

永康民俗

太平新村举办宣莲采摘暨文化旅游节活动
文艺表演异彩纷呈，赛龙舟活动你追我赶

舟等文艺活动，吸引了来自全国各地数百名摄影家和摄影爱好者，他们用"长枪短炮"记录下了壮观的瞬间。

　　新中国成立后，龙舟竞渡受到国家的重视，在我国已成为全国性的节目。1985年"中国龙舟协会"成立。从那时起，全国性龙舟竞赛连年举行。近几年，龙舟竞渡活动日渐兴起，其中日本、新加坡还举办过多次国际龙舟赛。参加这项活动的人越来越多，或许赛龙舟这项赛事在若干年后也会发展成为国际性的体育大赛。

　　二　吃粽子

　　端午节吃粽子是我国民间长久盛行的习俗。

　　粽子的由来有个神话：相传在汉朝时，汨罗人何俊在江边行走，忽见

裹粽子

屈原迎面而来，面黄肌瘦，愁眉苦脸。何俊问屈原："三闾大夫！您怎么成了这个样子呢？"屈原回答道："你们祭我，投入江中的米饭、菜肴都给蛟龙吃了，我无法吃到，所以饿成这个样子。以后饭菜可用芦竹叶包裹，灯芯草捆紧，蛟龙就不敢吃了。"后来，人们就据此做成了粽子。唐明皇曾有诗："四时花竞巧，九子粽争新"之句，可见在1300多年前我国端午节吃粽子之风就已盛行。

随着社会的发展粽子逐渐花样翻新，有裹肉的荤粽，也有不裹任何东西的凉粽，还有用八宝饭包的八宝粽；形状有三角锥形、四角枕头形、斧头形、尖脚形等等。

三　挂菖蒲、艾叶

端午节挂上菖蒲、艾叶起于唐朝末年。传说公元874年，黄巢随王仙芝起义，第三年，黄巢带领一队人马进入江西。有一天，他们来到一个村庄，到处都找不到吃的，肚子饿得咕咕叫，有一个老婆婆见黄巢并不是见人就杀的恶魔，反而非常仁义善良，就告诉他村子中地保把粮食都藏在房子下面的地窖里，黄巢立即命令将士们照老婆婆说的去挖。结果挖到了大批粮食，解

决了部队吃的问题。不几天，黄巢
的队伍就要离开，临走时，黄巢告
别老婆婆，并对老婆婆说：明年我
们起义军要打到长安去，在端午节
前后，经过这里，您到时采些新鲜
的菖蒲和艾叶挂在门上，我的部队
见了，就知道您家是好人，不会伤
害您老人家的。到第二年端午，老

购销两旺

永康民俗

婆婆照黄巢的话要全村人都在门上挂上菖蒲和艾叶，果真黄巢的起义军路过
这个村子，秋毫无犯，全村平安。这件事一传十，十传百，很快到处传遍了。

从此以后，每年端午节，千家万户的门窗上都挂着菖蒲和艾叶，这习俗
一直传到现在。

艾，又名家艾、艾蒿。它的茎、叶都含有挥发性芳香油。它所产生的奇
特的芳香，可驱蚊蝇、虫蚁，净化空气。中医学上以艾入药，有理气血、暖
子宫、驱寒湿的功能。将艾叶加工成的
"艾绒"可供灸法治病。

市民购蒲艾

菖蒲是多年生水生草本植物，它
狭长的叶片也含有挥发性芳香油，是提
神通窍、健骨消滞、杀虫灭菌的药物。
可见，古人插艾叶和菖蒲是有一定防病
作用的。端午节也是自古相传的"卫生
节"，人们在这一天洒扫庭院，挂艾枝、
悬菖蒲，洒雄黄水，饮雄黄酒，激浊除
腐，杀菌防病。这些活动也反映了中华
民族的优良传统。端午节上山采药，则

是我国各民族共同的习俗。

四　佩香囊、包粽子

端午节小孩佩香囊，传说有辟邪驱瘟之意，实际则是用于襟头点缀。香囊内有朱砂、雄黄、香艾等，外面包以丝布，清香四溢，再以主要颜色丝线弦扣成索，做成各种不同形状，结成一串，形形色色，玲珑可爱。

2010年端午节，国家规定放一天假加上周末连休三天，人们以不同方式来过端午节。在城里的新中国成立桥头、广场公园以及华丰菜场东西角，一早一晚也热闹起来，卖香包的、卖菖蒲的、卖雄黄的比比皆是。永康人就这么精明，每逢庆节都会抓住商机赚钱；消费者也不含糊，该出

品种繁多的香囊

手时就出手。端午前日，笔者回老家大陈看了一下，一是拍点裹粽子的照片；二是大陈正在进行村庄整治，村二委极为重视，广大村民积极参与，村里水泥路已铺得差不多了，这样一件民心工程，使大陈发生了巨变。笔者在拍

张家塘安装电灯时，住在塘沿宅院的一户人家正在包粽子，一问是云方家，是他妻子和儿媳妇在包。不到一个小时，一锅近百只粽子包好了。接

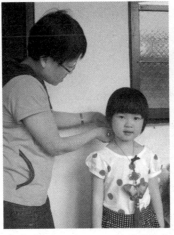

姑姑为小侄女佩香囊

着我又去了伟达家，他妻子也正在包粽子，厨房有锅灶，住在老屋，显然是拍照片的理想环境。据了解，四方集团公司工会还举办了包粽子比赛，38人参加，最后是71岁的夏苏金大妈以五分钟包了10只粽子的成绩取得了第一名。他们以这种方式来欢度端午节。

七 夕

一 牛郎织女传说

相传农历七月初七，是牛郎织女天河相会的日子。据南宋吴自牧《梦粱录》记载："七月七日，谓'七夕节'。其日晚晡时，倾城儿童女子，不论贫富，皆着新衣。富贵之家，于高楼危榭，安排宴会，以赏节序，又于广庭中设香案及酒果，遂令女郎望月，瞻斗列拜，次乞巧于女、牛。"

夏日清朗静谧的夜晚，仰望天空，繁星闪烁，天上有一条白茫茫的带子横贯南北，像是天上的一条银河。织女星在天河的东边，发出青色的光辉。她的旁边紧挨着四个小星，恰似一台织布机。在天河西边和织女星遥遥相对的另一颗发光的亮星，就是牛郎星。他的前后有两颗小星。正好构成一副担子，象征着牛郎担着两个孩子。

牛郎织女的故事就是由这几颗星衍化而来的。在我国三千年前的《诗经》里，已有了牛郎和织女的记载。

《诗经·小雅·大东》里有这样的诗章：

维天有汉，监亦有光。

跂彼织女，终日七襄。

虽则七襄，不成报章。

睆彼牵牛，不以服箱。

另有诗里说："遥瞻太空银河宽广，水如明镜如泛波光。织女星座相互支撑，七次更移终日繁忙。虽然来回移动奔忙，难以织出华丽花样。看那牵牛灿烂发光，却也不能驾驭车辆"。这一首歌谣，是古代劳苦大众借着牛郎织女来抒发自己的愁绪怨嗟的。远在古代，人们的朴素心灵之中，已经把深夜看到的星象，通过幻想而予以人性化了。到了汉代逐渐形成了牛郎织女的故事轮廓。《古诗十九首》中写道：

七　夕

> 迢迢牵牛星，皎皎河汉女；
>
> 纤纤擢素手，札札弄机杼；
>
> 终日不成章，涕泣零如雨；
>
> 河汉清且浅，相去复几许？
>
> 盈盈一水间，脉脉不得语。

　　这凄婉的歌声，对后世牛郎织女故事的创造，显然是有着启发作用的。

牛郎织女

后来，故事内容日益丰富。到了六朝时代，牛郎织女的传说就比较完整了。传到后世，文人将其改为夫妻或情人相会的典故，口口相传，你添我补，逐渐定型，最后被搬上舞台和拍成电影。

牛郎织女神话深入人心，牛郎和织女广泛地受到同情和尊敬，因为织女心灵手巧，是个奇能百巧的女工，她在人间时，曾把超群的织锦绣花技术传给了大家。所以每年七月初七晚上，我国许多地方的妇女都要举行乞巧活动。少女少妇们往往结伙祭拜牛郎织女星。她们用茶、酒、水果，五子——桂圆、红枣、榛子、花生和瓜子做贡品，还有化妆用的花粉。这种仪式叫"贺双星"。焚香礼拜以后，把所供的花粉分成两半，一半撒到房顶上献给织女，余下的自己用。妇女们趁着织女和牛郎相会团圆、心情愉快的时候，祭祀她，向她乞求灵巧，请求帮助她们提高女红技艺。因此，人们又把七月初七称为"女儿节"、"姑娘节"、"乞巧节"。

古代对"乞巧"这一活动很重视，节前要张灯结彩，搭乞巧楼，摆设瓜果，妇女儿童，皆着新衣。这种乞巧习俗在汉代初见端倪，在唐时，也不例外。元明清沿袭唐宋旧俗。

二　相亲节

在 2010 年 8 月 22 日，由共青团永康市委、市妇联等部门联合举办的永康市第二届相亲节上，200 多名女青年，相聚在前仓镇后吴村吴氏宗祠，摆起了比武相亲的大舞台。在开幕式上村民主任吴雄伟激情致辞，后吴的民间表演团体，表演了"十八蝴蝶"、"蚌壳舞"。200 多名青年男女被安排在 25 户农家中用餐，并参观了后吴古建筑。这届相亲节，主办方安排了丰富多彩的活动。

附：

这是一个属于年轻人的节日

——第二届相亲文化节纪实

一把把红色的太阳伞会聚成青春的海洋，一个个女孩子都打扮得花朵般漂亮，一个个小孩露出灿烂的笑容，烈日骄阳更点燃了年轻人火热的心情。作为此次相亲文化节的第一站，前仓镇后吴村8月22日张灯结彩，村民们早早就守候在村口，等待年轻人的到来，当200多名年轻人乘坐的大巴车开进后吴时，村里仿佛吹进了青春的气息。

今天忙是忙了点，但是很开心，感觉像自己的儿子和儿媳回家一样。临近午饭时间，村民章连娇家里果然迎来了10多名年轻人。为了迎接这些年轻人，章阿姨早上五点就忙开了，从自家养鱼塘里捉了一条大鲤鱼，到集市上买了一只鸡，还把从庐山带回来的笋干也拿出来，精心为年轻人做了一顿可口的家常菜。

吴秋维和姚月贞姑嫂俩一大早就赶到前仓镇去置办饮食，把菜弄好了，因为他们这一天要招待两个组的20多名大姑娘和小伙子。村里本来安排让年轻人自己做饭，但吴秋维怕姑娘们没烧过菜，就做了几个。吴维秋看着满头大汗的小周动手炒丝瓜，觉得这小伙子不错。

在后吴村大祠堂里，武当、青城等门派旌旗林立，这里摆起了一个比武招亲的大舞台。年轻人的加油口号都比较特别，"我要还俗，我要相亲，相亲有理，谁与争锋"……很久没有玩得这么"野"了。开始有点拘谨，后来大家都放开了。姑娘小陈说她自己的肚子都笑痛好几次了。这么一聚，以后没准会处出几对朋友来。

从8月22日开始，一直持续到9月17日的第二届相亲文化节为永康的年轻人提供了缤纷多彩的活动舞台，如后吴交友会、浪漫电影吧、玫瑰助学行、情歌ＰＫ、风尚音乐会等等，这是一个属于年轻人的节会。

第一节　节日习俗与传统礼仪

第三届相亲文化节，恰好是"七夕节"前后，正是古代与现代相亲文化的传承和巧合吧。

历届相亲节剪影

永康民俗

交筷面

放飞孔明灯

参观后吴古建筑

七夕庙前表心意

中　秋

"中秋"是我国民间的传统节日。中秋时值秋分前后，昼夜时间各半，秋高气爽。这时，月亮在正东，恰好受到正面日光的直射，从地球看，月亮显得格外皎洁，故有"月到中秋分外明"的说法。

相传，古代帝王每年在农历八月十五这一天晚上都要祭祀月亮，祈祷丰收。据《魏书》记载，皇帝"秋分祭月于西郊，用白羊一"。后来发展到全国各族人民都要在中秋这一天，合家团聚，庆祝丰收。这样，形成了世代相传的中秋佳节。

一　赏月吟诗

中秋这天，家家户户摆上酒菜、月饼，合家团坐，观赏月华，倾诉家常。

古时不少诗人共赏明月，咏诗作词，寄托思念之情。如宋代诗人苏轼写有以咏月为主题的词《水调歌头》，"但愿人长久，千里共婵娟"成为流传千古的名句，表达了对亲人朋友的思念之情和美好祝福。又如老一辈无产阶级革命家陈毅同志在1943年中秋节赏月时即兴写下了慷慨激昂的七绝诗：

年年戎马又西风，变化沧桑指顾中；

明月当头思远举，豪英满座饮长虹。

有关中秋的名句还有很多。

二 品尝月饼

月饼，就是形如月亮的饼。"月饼"一词，最早见于南宋吴自牧的《梦粱录》中，那时，它也只是像菱花饼一样的饼形食品。后来人们逐渐把中秋赏月与品尝月饼结合在一起，寓意家人团圆。

月饼最初是在家制作的，清袁枚在《随园食单》中就记载有月饼的做法。到了现代，有了专门制作月饼的作坊，月饼的制作越来越精致了。馅料考究，外形美观，在月饼的表面还印有各种精美的图案，如"嫦娥奔月"、"银河夜月"、"三潭印月"等等。以月之圆兆人之团圆，以饼之圆兆人之长生，用月饼寄托思念故乡、思念亲人之情，所盼丰收、幸福，都成为人们的心愿。月饼还

中月集团举办中秋拜月活动

被用做礼品送亲赠友，联络感情。

此外，有的少数民族地区在中秋这天还要举行迎神赛会祭拜月亮等活动。除吃月饼之外，还吃芋头（路头的谐音），取来年有好运之意。

方岩胡公祠员工举行拜月仪式

重　阳

九月初九重阳节，又称为"重九节"或"老人节"。古人将天地万物归为阴阳两类，阴代表黑暗，阳代表光明、活力。奇数为阳，偶数为阴。九是奇数，因此属阳，九月初九，日月相九，二阳相重，故称"重阳"。它起源于战国时代，原是一个欢乐的日子。

九月初九，正值中秋季节，金秋送爽，丹桂飘香，是登高远望、舒畅胸怀的好时光。中国历代文人雅士，每当此时，登上高处，一面饮菊花酒，一面吟诗取乐，留下无数诗篇。

重阳节又是"老人节"，老人们在这一天或赏菊花以陶冶情操，或登高锻炼体魄，给桑榆晚景增添了无限乐趣。

九月，严寒的冬天即将降临，人们开始添置冬装，也不忘在拜祭先人时烧纸衣，让先人在阴间过冬。这一来，重阳节就演变成扫墓及为先人焚化冬衣的节日。

重阳佳节这一天的活动极为丰富，有登高、赏菊、饮菊花酒、放风筝、吃重阳糕、插茱萸等等。

一　重阳糕

重阳糕又称糕粑、花糕、菊糕、五色糕，制无定法，较为随意。九月初九天明时，以片糕搭儿女头额，口中念念有词祝愿子女百事俱高，乃古人九月做糕的本意。讲究的重阳糕要做成九层，像座宝塔，上面还做上两只小羊，以符合重阳（羊）之意。有的还在重阳

重阳糕

糕上插上一个红纸旗，并点蜡烛灯。这大概是用"点灯"、"吃糕"代替登高的意思，用红纸旗代替茱萸。当今的重阳糕，仍无固定品种，各地在重阳节吃的松软糕类都称为重阳糕。

二　登高

民间在重阳节有登高的风俗，故重阳节又叫"登高节"，相传此风俗始

摄影登高采风活动

于东汉。唐代文人所写的登高诗很多，杜甫的七律《登高》就是写重阳节的名篇。登高所到之处，没有划一的规定，一般是登高山、登高塔。

登山比赛

永康民俗

西溪镇"九九"重阳节活动

三 赏菊并饮菊花酒

重阳节是一年金秋时节，菊花盛开，据说赏菊及饮菊花酒源于晋朝大诗人陶渊明。陶渊明以隐居出名，以诗出名，以酒出名，也以爱菊出名，后人效之，遂有重阳赏菊之俗。旧时，文人士大夫，还将赏菊与宴饮结合，以求和陶渊明更接近。北宋京师开封，重阳赏

菊之风盛行，当时的菊花就有很多品种，千姿百态。

民间还把农历九月称为"菊月"，在菊花傲霜怒放的重阳节里，观赏菊花成了节日的一项重要内容。清代以后，赏菊习俗尤为盛行，且不限于九月初九，但仍然是重阳节前后最为繁盛。

新中国成立后，重阳节被增添了新的内涵。1989 年，重阳节被定为老人节。届时，各地都组织老人登山秋游，开阔视野，交流感情，锻炼体魄，培养人们回归自然、热爱祖国大好河山的情操。

在永康城乡各镇区街道以及有特色的乡村都要举行各类民间文艺活动和登山活动。如西溪镇棠溪举办登黄缭山比赛，唐先镇和中山镇举办登五指岩比赛，既陶冶情操又丰富了民间体育活动。一些企业伸出温暖之援手，向所在村老年协会及老人们赠送日常生活用品或发红包，已形成全市尊老敬老的好风尚。

1991年9月，浙江省摄影家协会负责人向作者（时任市摄协主席）敬酒

作者采访浙江省李丰平省长

第二节
传统婚庆习俗

　　"洞房花烛夜，金榜题名时"，自古以来，人们把结婚和考取功名看成是人生最大的两件喜事。"金榜题名"是读书人的事，尽管历经十年寒窗，也只有很少的读书人能"金榜题名"，而"洞房花烛"之喜就相对显得非常普遍了。这几乎是每个人的必然经历，正是因为婚姻，人们才有了上敬父母、下哺儿孙的人伦之乐，也才有了人类的生生不息和发展进步。尤其是在"不孝有三，无后为大"的儒家伦理下，人们更是看重婚姻，因而婚庆作为一种传统的民间习俗也就显得非常重要了。

　　我国幅员辽阔，民族众多，地域环境、文化背景、宗教信仰等等的不同导致各地的风土民情迥然有异，尤其是一些少数民族地区，婚庆习俗演变成许多的音乐和舞蹈艺术，在民间广为传承，为中华民族的传统文化写上了多彩的一笔。不过，随着民族文化的互相渗透和融合，婚庆习俗也形成了一个主流仪式，广泛存在于中华民族的大家庭中。

一　说媒

中华礼俗一再强调"天上无云不下雨，地上无媒不成亲"、"明媒正娶"、"三媒六证"等等，媒人在传统婚姻中发挥着很大的作用，男女双方必须要经过媒人说合才能结成连理。媒人可以主动揽活，为男女双方牵线搭桥，也可以是"受人之托"，成人之事。

过去，媒人说成一桩亲事，可以得到一些钱财，称为"谢媒礼"。这笔钱一般由男家支付（如果是男家到女家则由女家支付），在成亲的前一天，连同送媒人的鸡、鸭、肘子、鞋袜、布料一起送到媒人家。媒人第二天一定要去引导接亲，称为"启媒"。"谢媒钱"的多少，视主家经济状况而定，但无论多少，均须用红纸封好，称为"红包"或"包封"。

受儒家文化的长期制约，过去女子皆是"大门不出，二门不迈"，身处闺房，难见芳容。经媒人说合之后，男方一般会提出"看一看"的要求，这种在媒人的带领下到女方家初次见面就称为"相亲"，俗称"看亲"。

相亲的那一天，作为主角的相亲男女都会尽力收拾打扮得漂亮些以获取对方的好感。男方要带一些礼物，礼不在多，只是表心意而已，若能打动对方父母的心当然就更好了。如果男方被女方父母留下款待，一般说明他已得到了女方父母及女方的认可。若迟迟不备饭菜任由男方告辞出门，则说明这门婚事即将告吹。这种事当然

永康民俗

不会明明白白地说出来，全靠男方和媒人察言观色。

有时，女方也可能会去男方家"拜访"，这在有的地方叫做"看当"。若女方父母不愿意接受男方的款待，执意告辞，表明这门婚事难以告成。此时，男方当然不可费力强留。女方父母通过察看男方家庭情况，欣然接受邀请，或者将奉上的香茶一饮而尽，这桩婚事就八九不离十了。

二　纳彩

缔结婚姻是人一生中的一件大事，不仅关系自己以后的生活，而且关系子女的培养教育，尤其是过去人们十分讲究家族的"体统"。因此，在娶女嫁郎的关节眼上最为注重的莫过于门第了，也就是人们熟知的"门当户对"。门当户对除了家族的社会地位以外，还要考虑经济条件。到当婚当嫁的时候，男方家长就请媒人向物色好的门户提亲，即男家请人向女家说明缔结婚姻的请求，这就是"纳彩"，相当于今日所谓"提亲"、"说媒"。这是婚聘的第一个步骤，纳彩也要携带礼品。古代用雁，所以这个礼仪也称做"奠雁"。纳彩用雁，有一定的讲究。雁是候鸟，冬天飞往南方，夏季则生活在北方，实际上就等于告诉女家"男大当婚，女大当嫁"，应该像雁那样适时选择其所居之地。

三　问名

问名，是女家收下了"纳彩"的礼物后，男方采取的下一个步骤，即媒人持帖去问女方的姓名，包括问清女子为谁所生，是亲生还是收养，是正室还是继室所生，还有生辰八字。媒人一一写在帖上，以便回去算卦，看看是否"相配"。

旧时人们的阴阳观念极重，崇尚五行相生相克之说，又有属相相合相冲之说。一事不合，婚事就没有成功的希望。

四　订盟

订盟之礼也就是现在的订婚礼，也叫"文定"、"小聘"。由男家备聘礼到女家。聘礼视家庭经济状况而定，一般为金花、金簪、金戒指、金耳环、红雕、羊、猪、礼烛、礼香、礼炮、礼饼、连招花盆、石榴花等。媒妁及男家双亲或其亲戚6人或12人（双数）到女家送礼，陪同前往，以示慎重。

举行婚礼时，女家将男家送来的聘礼奉置于神龛案头前供拜，由将嫁女儿捧甜茶上厅，由媒人一一介绍与之见面。男家饮茶后各送"大茶瓯"之红包于茶盘上。随后女复出，坐在相堂中央之椅上（双脚下放在一矮几，表示高贵；出嫁面向外，招夫面向内），由男家尊长戴戒指。戒指有金铜各一（"金"谐"今"，"铜"谐"同"，取意夫妇自今日起永结同心），以红线系结，以示夫妇姻缘。戴完戒指后，请男家人入席，则订婚礼成。也有简化的，将小聘、大聘并合而行，亦有将纳彩、订盟五行择吉三礼合而为一，总称为"送定"。女家接受聘礼大部分，备12件回赠并视男方亲戚的多寡制作礼饼。男方则将礼饼分赠关系密切的亲戚，作为订婚通知，此叫"分饼"。受赠亲戚，日后须赠结婚礼物。

家境不太宽裕的家庭则不送贵重物品，以免对方回赠而给对方带来麻烦。

五　请期

订婚之后，两家的婚姻基本缔结，而此前的准备工作就是"请期"。请期也叫"告期"、"下日子"、"送日子"、"探话"等，就是男家占卜择定合婚的吉日良辰，让媒人告诉女家，征求女家的同意。请期仪式过程中，进行婚仪的第二次占卜活动，大体与问名后的占卜相同，主要是选择适当的迎娶日。民间一般选双月双日，如二月二、四月初八、六月初六、腊月初八等。占卜的选择中心仍然是八字与属相，

定日子

永康民俗

不过，嫁娶月份一定不能犯男女双方的属相忌讳，否则"犯月"；合适的月份诸如"正七迎鸡兔"等，则为"行嫁月"，可以嫁娶。迎亲、送亲的相关人员也不能犯属相的忌讳。一般家庭都是由媒人传话，口头进行，这也是对双方家族的一种尊重，即所谓下婚书。

六　迎亲

请期获女家允许后的程序就是"迎亲"，这是旧时婚庆礼仪中最隆重热烈的一道程序。一些大户人家的婚礼仪式不是一天能完成的，有时要持续三天。大典之前的一天，女家派人来"铺房"或"暖屋"；中间的一天是迎亲日，迎来新娘后要拜堂合卺（成婚的意思，旧时成婚的一种礼节），这是正式的婚礼大典；第三天闹新房。一般人家婚礼为两天，有的只有中间的一天。在民间，从迎娶到闹新房，其间的仪俗丰富多彩，达几十种之多。

在迎亲队伍到来之前，还要做许多准备，一般包括如下内容。

挽面（绞脸）——按照旧式风俗习惯，妇女除非结婚，绝对不可以剃掉脸上的汗毛。唯独在结婚前夕，也就是在"上头戴髻"之前，才能开始人生第一次的"挽面"，特称为"开面"（北方叫开脸）。"挽面者"往往是一名具有"挽面"经验的结了婚的女人，还要求是"好命人"（北方叫全靠人），也就是父母兄弟姐妹子女俱全的人。"挽面"人手拿一根坚韧的细线，用两手使线呈两交叉状，紧贴在出嫁女子的脸部，然后一弛一张，就可以去掉脸部的茸毛，使脸部光洁明净。"挽面"完毕之后，还要赠送"好命人"谢礼。

上盖——古称上头戴髻，就是男女两家各选一个黄道吉日，分别在自宅同时举行。男家是在自宅正厅中央设一个"五升村"，让新郎坐在上面，面对神佛与祖先的灵位。这时要请一位"好命人"从新郎后面给他梳三次头，然后再让他穿上结婚礼服，带上礼帽，祭拜天公（太上皇）、三界公（三界大帝）与祖先，祈求婚后子孙绵延不绝，万世其昌。女家在同时用同样的方法来举行这种"上头戴髻"的加冠礼——梳头插簪。梳头插簪的仪式结束，

古典迎亲

永康民俗

新娘就穿上结婚礼服，戴上"盖头"向天公、三界公和祖先祭拜，然后给父母各敬一杯茶，父母喝完之后，也要祭拜天公及其他诸神。

安床——在男方家，要赶紧布置新房，选一个好时辰，安放新人用的床铺，并祈求神佛保佑平安，特称为"安床"。床上，一切用品都要买新的，屋里屋外更要打扫清洁，房间贴上对联，门楣上还要挂一块长条红布，上面绣有吉祥的词句。

安　床

食姐妹桌——在出嫁的当天，姐妹之间不胜依依惜别之情，而特别举行一次惜别宴，称之"食姐妹桌"。女子出嫁，即离别生身父母，离别兄弟姐妹，到另外一个新环境度过一生。所以兄弟姐妹在席间说些吉利话，祝福这位出嫁的姐妹婚姻美满。在惜别宴后，新娘就要开始人生之中最重要

嫁 妆

的一次化妆，在穿上结婚礼服戴上盖头后，回到闺房，静候男家的迎亲。

送嫁——女子将行结婚之时，在女家称出嫁。出嫁之前，新娘沐浴化妆打扮。出嫁之时，行告祖和辞父母之礼。女子出嫁由兄弟姐妹等送行的一般男女各两人，称之为男高宾、女高宾，婿家待高宾之礼甚重。

花烛——花烛为合卺时所行之礼。结婚之日设花烛礼场于室内厅堂。新娘进门，即由喜宾将新娘迎至礼堂，也称为"华堂"，与新郎并立向内行参拜礼，接着相对行交卺礼，礼毕，由喜娘领新婚夫妇入洞房。然后饮用糖水，泡红枣交杯茶，枣与"早"谐音，谓之早生贵子。合卺后尚存有告祖及见舅姑等礼节，也有的是在筵席后新郎新娘向宾客敬茶时进行，叫"喝喜茶"。

新 娘

洞房花烛

七 拜堂

娶亲的队伍回到男家时，并不是马上进门，而是在能看到男方的家时，停留一段时间，或者把喜轿关在门外，俗称"憋性子"，意思是把新娘的性格憋得柔顺些。喜轿迎门以后，又有许多礼仪。这些礼仪不只汉族有，少数民族也有。

在喜轿进门以后，有专人向地上撒一些谷物和豆子等，用意是辟邪。这就是"撒谷豆"，是一项比较古老的避"三煞"（青羊、乌鸡、青牛之神）仪俗，三煞忙于啄食，就危害不到新娘了。现代新娘一下轿（车）也有专人撒红纸屑，或许就是由此而来。喜轿到院子里，要从预先摆好的炭火盆上慢慢跨过，意思是烧去一切不吉利的东西，日后生活越过越红火。落轿以后，新郎要象征性地拍打喜轿三次，称"桃花女破周公"，也是辟邪驱祟的意思。

新娘出轿时，用米袋直铺至花烛前，新娘脚踏米袋，日步步高，代代好。从轿里出来后，又有传席之仪。所谓席，就是铺在地上的红毯，即"传席似人，弗令履地"，这种仪俗蕴涵传宗接代的用意。另外，一些地区有跨鞍的仪俗。新郎要跨过马鞍，"鞍"与平安的"安"谐音，即祝福新郎新娘平平安安。

二拜高堂

永康民俗

接下来就是拜堂，俗称"拜天地"。一般是三拜，即"一拜天地，二拜高堂，三是夫妻对拜"。拜堂的礼仪繁杂，西北一些地区还有所谓"拜人"，即拜来客中已经准备礼钱的，诸如新郎的姑、姨、舅、叔等。

夫妻对拜

八　进洞房

新郎新娘入洞房后，仪俗也很多。例如，坐帐，即新郎新娘双双坐在洞房的炕沿或床边，新郎将自己的左衣襟压在新娘的右衣襟上，表示男人应该压女人一头。

撒帐，这项仪俗是指亲朋好友在新人入洞房以后，把喜糖果等撒向新郎新娘怀中，撒在合欢床上，撒向洞房的每一个角落。

新郎新娘入洞房

九　闹洞房

闹洞房是传统婚礼中不可缺少的一个环节，各地都有闹新房的习俗。据

说洞房中常有狐狸、鬼魅作祟，闹洞房能
驱逐邪灵的阴气，增强人的阳气，因此有
俗语说"人不闹鬼闹"。再加上旧时代男
女结合多是经人介绍，相互之间比较陌生，
闹洞房能够让他们消除陌生感，为新婚生
活开个好头。闹洞房从积极的意义上说，

能增添热闹喜庆气氛，驱除冷清之感，因而有的地方又称"暖房"。在闹洞
房期间，新郎要领着新娘"作揖认亲"。凡是男家的尊长，都要在傧相的赞
礼中一个个进来让新郎新娘做见面礼，称为"作揖包封"。同时，长者要拱
手回个"半礼"。这种仪式，能显示家族的团结。

闹洞房还能使亲友彼此熟识，增进亲友间的感情。闹洞房是"三天不分
大小"，新郎新娘乃至新郎的父母往往会被他人甚至晚辈取笑捉弄，被捉弄
取笑者不能生气，以免破坏新婚的喜庆气氛。当然，闹洞房的人也不能太出格，

永康民俗

闹洞房

不能闹得太久，以免影响新婚夫妇的休息。尤其不可以粗鲁起哄，引发不愉快的事。

十　回娘家

回娘家，也称"三朝回门"，必须是男女双方一起去，故又叫"双人返"。一般是婚后第三天，路途遥远最迟也不超过三个月。这时，必须带着礼品，通常是拿果子、礼饼或外粘砂糖和芝麻的糯米饼。回来时女家的回礼，是让女儿带回"糕"、"桃"（桃形的月饼）到婆家。

就新娘的娘家来说，这是第一次正式招待新婚女婿，所以要把女婿介绍给全体族人，并且寒暄致意。随后开设酒筵款待。

新娘回娘家"做客"，距离不太远的，都是上午出发，赶到娘家吃午饭，尽量在当天晚上回婆家，不过也有新娘在娘家一连住几天的，回来时由新郎的弟弟或妹妹接回去。新娘回婆家时，还要带着"领路鸡"。"领路鸡"必须是一公一母两只小雏鸡，顶多也只是三个月大的半大鸡，到婆家以后绝对不能杀了吃，要好好养大，生蛋以后要继续用来繁殖。此外还必须赠送一些娘家的土产，包括根叶齐全的"甘蔗"两根和橘子、香蕉、果子等等。甘蔗可以吃，但是必须留下一部分栽种，以便继续繁殖，象征着以后子孙代代相传。

笔者常在思考，为什么都市中的青年对坐轿那么感兴趣呢？细细想来，又觉不足为怪。小汽车很多人都坐过，但结婚坐轿，意义不同寻常。其中包含着这样的文化心理，追求正统并意在向社会宣布，我们的婚姻是明媒正娶的，是正宗夫妻而不是私下的苟合。在生活中一些小夫妻拌嘴，女的受了委屈，就会这样嚷着说："你不要弄错了，我不是自己走到你家来的，是你用轿接我来的哦。"显然，要坐轿，包括把婚事办得隆重热烈，追求一定的场面，都和这种文化心理有关。因此，尽管经过婚姻登记，婚姻已受到法律的保护，然而对于诸如坐轿之类的习俗，人们依然乐此不疲。

旧时，富贵人家娶亲用花轿，穷人家用不起轿子，就用手推车迎娶。轿子或车内一般有一个压轿童或压车娃。轿车前面走着一个拎凉篮的，他专管逢村过店放一阵鞭炮。轿子前面还要有打灯笼的二人、打锣鼓的二人、吹唢呐的二人，称做吹吹打打、热热闹闹。

在永康城乡迎娶，从相亲、定亲、拎日子迎娶，一般为半年左右至一年。

以前仪式隆重，礼节烦琐、讲究，在婚前一两天，男方要向女方送馒头若干、连尾猪肉一片、猪头一个、鹅一只、酒一坛、糕一笼等彩礼，并附送"厨、灶、吹、唱、樽、盘、梳、妆、迎、送"十个大红包，红包的归属者分别是：厨、灶、樽、盘归灶者，迎、送归轿夫等。现在的迎娶习俗比过去还要隆重，在农村男方向女方除送馒头若干外，还加上喜糖、香烟、酒。猪肉一片，改为全猪一头、全羊一只，还有鱼数条，大小爆竹、蜡烛等。

发箱又称发嫁妆。以前提前一两天进行，现在都在当天进行。传统的嫁妆全红漆木器，有一幅或几幅箱的（内装四季衣服，其中有一只装有素衣，垫在箱底，为公婆吊孝办丧备用）；桶（马桶、浴桶、面桶、脚桶、饭桶）；橱（大橱、小橱、书橱）等；凳（大凳、方凳、高椅）；红漆竹器（大小烤箸、凉笼、花盒、小饭篮、火笼）等；五金（蜡台、锡壶、铜火铳、铜鞋拔、剪刀、小锤子）等。多少档次不一。此外，还有棉被两条以上，枕头一对（内装满谷），布帐一床（大多是白底印花麻纱帐），连枝带根的竹子两根，上挂帐钩，还有梳妆台、镜台、镜箱、首饰盒等。现在的嫁妆除箱橱之外，还增添了许多现代化的家用电器。如冰箱、洗衣机、电视机、微波炉等，往日的凳都改用高档的沙发之类。男方要给女方发箱者分喜糖、喜烟。

从前新娘上轿前由利市人（即夫妻双全子孙多的人）梳头，叫"扮上轿"。梳妆后桌上摆一碗上轿饭，这碗饭盛得特别满，结好果子袋（意味丰衣足食），袋（红布做）内装五色果子（花生、瓜子、白果、橘子、石榴、荔枝、桂圆）七样，叫七样果子。穿上红棉袄〔古代讲"上轿不穿棉，有侬未值钱（疼爱）"。如感到夏天不能穿棉袄时，身上也要带点棉花之类〕、新鞋、新袜、披霞帔、戴凤冠、盖上红头巾。妆成，新娘脚踏实地，踏在地毯上准备上轿。上轿前先辞谢父母的养育之恩，行跪拜礼，再拜长辈、亲友（现在跪拜礼已革除）。礼毕，点燃全家灯彩，鸣炮，由大哥抱上轿，二哥掀轿帘，母亲在房内哭上轿，并用团扁从上往楼梯上滚，谓之"喜事圆满告成"。现代上轿，哭嫁已少有，大哥抱上轿之习俗仍沿袭。过去新娘坐的轿子有花轿和珠花轿，新中国成立以后曾革除坐花轿的习俗，新娘出嫁步行，由秧歌队送行。20世纪70年代用自行车带媳妇，80年代用摩托车代轿，90年代到21世纪初又以轿车代轿。不过，现在民间又悄然出现古朴的迎娶形式，2012年正月十二，东城街道高镇村王高仁之子王武航迎娶，按照古典婚礼，新郎骑马，新娘坐轿，迎娶队伍由方岩独松村民间艺人程中信全案策划和装扮，从田园小区浩浩荡荡去高镇村，一路上，围观群众数以千计。据主持民间迎娶婚庆乐队的程中信师傅介绍，他组织的这支队伍去过丽水、缙云、武义、磐安、东阳及永康城乡，现在成了一种体验古民俗的新时尚。

花轿到门，男方所有亲朋都去迎接新娘归门。归门要挑时辰，时辰不到新娘不出轿。归门时要放爆竹，新娘由"利市人"扶下轿，一路踏着麻袋归房，脚不着地，麻袋或席子从轿门前辗转铺垫到新房，所谓"传代"。现代有的地方仍沿旧习，但多数由新郎从轿内抱到新房。新娘落轿先吃茶鸡蛋，鸡蛋只吃一丁点儿，象征着"结子"。

永康称媒人为"大名老爷"。自两家说媒相亲开始，到嫁娶为止，中间每个环节都离不开媒人。他要互通信息，调节协商婚嫁事宜。特别是嫁娶这一天，"大名老爷"是最忙的人。

他要掌握两家出嫁、进门的时辰。催促检查发箱、包装是否牢靠适当，指点新娘穿戴、化妆及随身携带的礼品是否齐全，给来宾、送上轿人发喜糖，规劝新娘父母送上轿。起轿后，路上如遇到拉车闹喜的，还要分糖、分烟解围，确保花轿畅通，护送新娘平安接到夫家。在发箱时，两个"大名老爷"

还要各背一根连根带叶的青毛竹，竹上挂着两个布帐钩，走出百步外，方可交给发箱的人。青竹意味着亲情常青，还表示像竹子一样，日子一节高一节，生活一年好一年。有些地方还在竹根一头用红布包上两块新砖。这是表示娘家用金砖陪嫁，两家都好的意思。喜箱发到夫家后，解下两块"金砖"放在踏床下，叫"金砖铺地"。两根青竹待谢过媒人后，锯下当做布帐竹使用，意味朝夕相伴新人。

在厅堂正中挂着"天官赐福"或"福禄寿喜"。中堂画轴，设香案桌，地上铺毡毯，也可以用草席代替。新娘新郎在"领袖姑娘"陪同下行三跪、九叩礼，一拜天地、二拜祖宗高堂、三是夫妻对拜。然后在亲友的一片喧闹声中，男前女后，各执红彩缎结成象征夫妻恩爱的同心结相牵而行。行走时，有人拿着草席或麻袋一直铺到同房的床前，表示一代传一代、十代传百代之意。当新人在洞房双双落座后，新郎即手持秤杆给新娘掀盖头，这时赞礼人开唱道：

> 小小秤杆乌油油，我替新娘掀盖头。
>
> 盖头落床，子孙满堂。
>
> 盖头落枕，子孙滚滚。

随后众宾起哄，开始宴请宾客。当夜都要闹洞房，俗称"炒新妇"。闹新房分文闹、武闹两种。文闹者，较为文雅，其闹法有"望恭喜"、"果子迷"、"对课"、"迎灯"等。武闹的闹法不够雅趣。有的趴在床底、桌子下，伺机"偷取"新娘和伴娘的鞋子、手巾、枕头等换取果子，参加闹者多为孩子。笔者小时候参加过前仓镇后吴村表兄吴春和的婚礼和石柱镇上里溪村大表兄章福康的婚礼，在接二位表嫂闹洞房时笔者就钻在桌子下"偷取"新娘和伴娘的鞋和手巾，至今已有半个多世纪过去了，仍记忆犹新，历历在目。

请大舅。第二天，随新娘陪嫁而来的兄弟俗称"大舅"即要回家离去，中餐新郎家必须要设宴请大舅，同时也请未离去的亲属朋友，或为办喜事帮过忙的邻居，陪客表示感谢。根据各自条件操办。新郎新娘要逐位敬酒，以作谢礼。

回门。在新娘过门后第四天或第五天，由岳父接新女婿偕同女儿回家，俗称"回门"。岳父邀本家长辈与同辈跟新娘见面，新女婿要一一送礼，长辈们回送红包，过春节都要请女婿，设宴款待。

笔者也参加过数十人的现代婚礼仪式其中侄女陈君丽与李学刚的婚礼；外甥女家杨刚挺、杨刚俊兄弟俩的婚礼；徐露和杨丽等人的婚礼，都有一个共同点，即有较好的经济条件做支撑。举办婚礼花上一笔钱，值得，人生大事，只要办得热烈隆重喜庆，真正达到人与社会家庭的和谐统一，则皆大欢喜。

永康婚俗掠影

出嫁前

抱上轿

新婚夫妇迎宾客

源远流长

婚　宴

永康民俗

永康市首次举办"集体婚礼"，市领导和100对新婚燕侣见证了这隆重婚礼

第三节

传统丧葬礼俗

　　所谓丧俗，是指安葬、哀悼死者的一系列礼俗。丧俗是原始观念和封建观念的混合体，千百年来一直在民间流传，时至今日，丧葬礼仪仍残存着不少的旧迹。在整个丧葬礼俗过程中，是生者与死者的对话，其间的话语，凝含者一个坚韧的结——念祖怀亲。这个结，表现在生者与死者的实体联系之中，也表现在两者的精神联系之中。儒家的伦理色彩、等次观念等，皆融入丧礼的每个细节。

一 沐浴更衣

民间旧俗极讲究寿终正寝，凡正常死亡的老人，尽量避免在病床上咽最后一口气。病人生命垂危之际，一般要先为其沐浴更衣，然后将其移到正屋的灵床上，在亲属的守护下度过弥留的时刻，此谓"送终"。据《仪礼·既夕礼》和《礼记·丧大记》的记载，病人将死之时，要给他脱掉旧衣，穿戴好新衣，这一方面是怕死后尸体僵硬，不便穿戴，另一方面则出于习俗，认为没有来得及穿好衣服就咽气，是"光着身子走了"，亲属会感到十分遗憾与内疚。

沐浴之礼是对尸体进行清洗。沐，洗头；浴，洗身。其方法大体和生人一样，包括剪指甲和修胡须。死者为男性，则用男侍者；女性即用女侍者。沐浴时，死者的亲属暂时退出。沐浴后再停在床上。

沐浴之礼俗，后世承袭，但沐浴过程无一定之规，或揩按尸身，或整理遗容。唐、清文献史书对沐浴之俗均有记载，说明沐浴作为一种丧俗，一直沿袭下来。只不过现在在程序上简单了许多。

二 报丧

报丧在相当多的民俗中可以说是人死了之后的第一种仪式。它是以发信息的方式将有人辞世的消息告知亲友和村人。即使对已经知道消息的亲友家，也要照例前往报丧不误。关于讣告内容，则一般是叙述死者的生卒年月、履历、祭葬时间和地点等等。

在历史传承中，报丧礼仪五花八门，各具特色。在永康城乡是派家中合适的亲人去报丧。报丧人必备雨伞一把，倒夹于腋下，谓之"倒夹报死伞"，俗谓死者的灵魂会躲在伞内跟着去，到了亲友家门将雨伞头朝下，木柄朝上竖立在外面。家人见状必知来者之意，忙备佘蛋一碗，请来者食用，俗称"报生不空手，报死无空口"。许多地方所谓吃点心是为报丧者解晦气。吃罢告之"某某去了"、"某某走了"，于某日某时入殓，即告辞。一般得死讯后家主须掷碎一只碗以解丧气，随即准备礼品香烛前往赴丧。亲友在外工作的一般拍电报报丧。20世纪后，随着通信业的迅速发展，手机、电话进入百姓家，都以电话方式报丧。无论以什么方式报丧，其目的是使丧礼公开化。丧礼是死者的家庭、家族乃至村落最大的事件之一，是乡土社会的大事，是民间各种仪式活动中最为隆重、也是最为铺排讲究的仪式。因此，不能也不应该由几个人单独完成，丧事活动中的一些具体事宜也都要由家族成员商议解决。另外，每个死去的人都有自己的交际网络，都有一群亲朋好友，讣告这些人皆来为死者致哀是对生者负责，也是对死者应尽的义务。丧礼是公开的集体活动，本身就是一种社会聚合的机会。这种聚合在缺少多渠道交往的传统社会中是十分必要的联系手段。

三　收尸落棺

棺木俗称"棺材"，雅称"大屋"。细分两种：一为早备，加以朱漆，曰"寿材"。此棺一般为高寿者所为；也有并未高寿，因久病不愈而建棺"冲喜"者。另有一种是人死后临时买的棺木，造型有大小头之分。大头上多刻有"福"、"禄"、"寿"的合体字（也有男"福"女"寿"之分），小头大都刻有寿桃，含祝福之意。棺木的色彩，有红、黑两种，大小头必须漆朱红，俗话说"朱漆棺木两头红"，寓在世上、去黄泉下都火红兴旺之意。

"归大屋"时先从尸体上解下灰粽三个弃之。同时，亲切吩咐："不

寿　材　　　　　　落　棺　　　　　　哭　灵

用怕惊"、"迁狗吠"、"以粽投之"、"往白路走"等语。并从尸口中取出铜钱弃之于地，掐一丁点儿茶鸡蛋蛋白放在尸口中嘱咐："只吃自己鸡蛋茶，莫吃路上的王婆汤。"系列仪式完毕，抬尸进棺，亲人要拉腰于尸。进棺时，棺木安放在厅堂正中，棺内事先撒上石灰，垫好祖纸，放好枕头、脚踏，枕头边放"五谷香袋"一只，内装豆、麦、米之类，所谓到阴间，务农种植兴旺。

四　择日出丧

把灵柩送到埋葬的地方，叫出丧，又叫出殡，俗称"送葬"，清代称"引发"。按照旧时惯制，这一仪式由择日、哭坰、出丧、启灵、引路、送行及路祭等程序组成。这是送亡灵"上路"，前去另一个世界，即可理解为走上一条新的生命路途。此间礼仪的主旨是想尽办法让亡灵路途顺利，所以，选

起灵出丧

择黄道吉日就非常重要。

在永康，出丧之前，亲者齐集，举行隆重的祭奠之仪，俗称"排祭"。即大筵羹饭，此仪谓之亲人上泉途，要高高兴兴，不能哭哭啼啼。祭品非常丰盛，全副猪头、鹅、全鸡、酒，一批批换上，从嫡亲至远亲，轮批祭奠，敲锣打鼓，鸣炮奏乐，热闹非凡。有子女者，其"孝男孝女"与灵柩并列，朝外跪着，向祭客表达谢意。

次日出葬前先做丧时羹饭。羹饭要摆双套碗具，其中一套是为"解差哥"所设。唯筷子在"解差哥"席上只放一根，谓怕"解差哥"吃得太快去抢食。然后盖"大被"，先盖"主家被"，后把亲友送的"大被"——用蜡烛烧一小角，曰"打蜡记"，往尸体上盖。盖一条念一声"此被××所送"。盖毕，上棺盖，打紧闩。灵柩起，四人抬之。富人家讲排场者有在杠上装上龙头曰"独龙"，八人或十六人抬之。抬棺材时，一般大的一头朝前（也有死者年轻夭折的则以小的一头向前抬之）。棺木抬起后就不可着地，一直至坟穴。

五　营造死者的居所

选择风水宝地。任何葬法都反映了鬼魂信仰中的两种基本心理：一是畏惧鬼魂的心理；二是由畏惧而产生的取悦鬼魂的心理。土葬的做法，反映了古代汉族保护死者的尸体，使死者（尸体和灵魂）在阴间继续生活的观念。汉族先民认为鬼神与阴界、天界相对应，鬼生活在地下世界里。因此，将死者尸体埋入地下也就象征着将死者的鬼魂送入处于地下的阴界。从后来的许多故事里可以知道，坟墓是鬼魂生存的空间，许多闹鬼的事都发生在墓地里，坟墓成为阴界的缩影。因此，为了能使鬼魂乐意"移居"墓穴，让其在阴世生活得舒适，人们就需要按照一套既定的礼仪程序，精心建造坟墓，并将尸体妥善地安放、掩埋。

墓地是死者的归宿，历来为人们所看重，就是在原始社会，人们也有意识地将墓地选择在高远之处。秦汉之后，墓地选择成为埋葬的头等大事，阴宅风水术随之产生。概括起来就是通过对气的控制、迎合、引导，使人类与之产生和谐，以达到逢凶化吉的目的，并求得后代子孙昌盛。

修坟建墓。坟墓，古时有区别。坟：本指高地或堤岸，引申指墓上堆高起来的积土；墓：取孝子思慕之意，指埋人的处所。

随着坟墓礼制的出现，又有了许多有关坟墓的名称，如坟墓、丘、冢、陵、山等，它们都是葬死者的地方，统称为阴宅或墓地，但是大小及形制有所区别。

坟，本意即为土堆。墓地词出现远远早于坟。墓是对亡者葬地最早的称呼，高低大小葬地都可以称为墓，墓成为最具普遍意义的葬地称呼，它跟"坟、丘、冢、陵"等联系起来，可组成"坟墓、丘墓、冢墓"等称呼墓地的词。丘本意是土山。春秋时，丘即墓地，这种称法还相当普遍，如楚昭王墓称昭丘，赵武陵王墓称灵丘，吴王阖闾墓称虎丘。

冢，本意为大土山。《尧典》曰："荡荡怀山襄陵。"此处的陵即是大山的意思。后来帝王墓被称为陵，这是后起之意。后世帝王墓，往往择郊而葬，或者垒土丘。而"陵"字也被历代帝王窃取过去，或与"山"连用，叫做"山陵"。

山，本意为石头山。秦代称王者代墓为山。山也是帝王墓的专称，不过和陵相比，似山称墓在时间上比陵早一点。

附：

丧俗二则

（一）

陈垦华(别名陈兴土)是永康市卫生局离休干部,长期从事新闻宣传工作。他一生光明磊落、诚恳待人,对党和人民的事业兢兢业业,无限忠诚,深受党组织和群众称道。离休后他返回老家前仓镇大陈村主政续修陈氏宗谱并担任主编。在他的主持下，续谱工作历经数年于 1995 年秋圆满结束，为传承先祖精神、激励后人作出了自己的贡献。

2002 年 3 月 12 日上午 9 时因病逝世，享年 80 岁。永康市委组织部和卫生局为他举行了隆重的追悼会，笔者赶赴现场参加了追悼会和遗体告别仪式，同时记录了告别仪式的最后时刻。

陈垦华生前　　　　　　　　　　陈垦华（陈兴土）丧礼

（二）

江南街道民丰村南园自然村 80 岁老人王天明于 2011 年 6 月 18 日去世。

王天明生前和老伴王少钞一生务农，含辛茹苦将六个儿女（德贵、德友、德星、得月和月芳、仙菊）抚养成人，如今六个儿女在党的富民政策感召下，家庭幸福，事业有成，且遵守孝道，孝敬父母。父母卧病多年，三个儿子及儿媳们轮流料理，每当住院时，儿女及他们的下一代也常来看老人。王天明虽然卧床五年，在儿女们的精心照料下，衣食住行非常到位，2011 年 6 月老人带着对人生的满意知足，安详地去世。

六　祭祀：对亡灵的追念

丧葬活动，并不随死者的埋葬而结束。人类自古以来就虔诚地祭祀死者的亡灵，其形式之多种多样，祭品之丰富多彩，足令亡魂感激万分。本来是一人精神之幻象的鬼魂，反而成了人的主宰，这种本末倒置被称为正常，恰好证明了人对思想发展逻辑的反常情形的无能为力。我国各族人民在埋葬死者后，大多都定期举行了一些活动仪式，以纪念死者。如守孝、服丧、扫墓、祭祖等，可称为丧葬礼仪的继续。

孝子们尽心守孝。

据丧，或称丁忧、守孝，是古代汉族在埋葬死亡亲属之后人们为了表达对死者的哀悼之情而产生的一种习俗。

关于据丧的时间长短，在中国历史上有过激烈的争论，但普遍以三年为期。子为父母，臣为君王，均守三年。守丧之期为什么定为三年呢？据孔子解释：儿女生下地来，三年才能完全脱离父母的怀抱，所以，为了报恩，纪念死去的父母，就应该为父母守孝三年。三年之丧最早可追溯到唐尧时代。

清明时节扫墓忙。

农历清明这一天俗称鬼节、冥节、寒时节，是祭祀死者的重要节日。清明节主要是祭祖扫墓，这个风俗很古老，春秋时代就有。《周礼·冢人》说："凡祭墓，为尸。"至今在农村，祭墓要做的事是为死者烧香，上供祭品，烧纸钱，

上马村陈邦双亲属子女清明节扫墓

接着为坟堆培土。如今祭墓祭品更加现代化，有如家电、冰箱等电子产品，还有一些人为死者烧金山、银山等。

在永康民间还在流传"百岁祭贺"。

在农村还流传着已故亲人百岁之习俗，百岁之日，只可提前，不可推后。在百岁诞辰之日，直系长亲要带领儿子们前往墓地，摆祭供品：猪头、鹅、条肉、青菜、烤豆腐、糕点、水果、满碗米饭、鸡蛋四枚、面条一把、酒杯十只、

守灵

出殡

安葬

大陈村李宝梅老人去世，家人为她守灵

筷子十双（表示十全十美）。摆好供品后，点上灯笼、香火、坟头上四柱六支红烛（表示四季发财，路路顺风），全家点香叩拜，告明今日全家给已故亲人摆上丰盛供品、金钱、元宝，为他贺百岁。希望他在阴间保佑全家儿女、子孙平安吉庆、发家致富、消灾避难、年年兴隆。酒过三巡后，燃烧银两、纸钱，焚化住房、衣服、鞋。现在还增加电器，最后是高炮、鞭炮同时鸣放，意味请祖先前来领响，以照顾后人。

永康民俗

第四节

婴儿寿诞礼俗

一个新生命的诞生意味着上一代血统的传承和生命的延续，尤其是在"不孝有三，无后为大"的封建道德伦理的支配下，子女的降生更是备受关注。过去，婴儿降生前，家里人就开始张罗一切。先是请稳婆，俗称"接生婆"。接生婆的任务是帮助孕妇分娩，分娩后她清理并照顾婴孩。产房门首，贴一张红字条，内写"姜太公在此，百无禁忌"。卧床帐上也贴一张道士符，用于驱邪煞。房内用具不许妄动，恐怕触犯土地神，不利于婴孩。孩子出生以后，还有很多的习俗，比如"三朝"、"满月"、"百日"、"周岁"等等，这一系列的风俗表露出新生命的诞生给人们带来的喜悦之情，也寄托大人对孩子健康成长的殷殷期盼。

一 降生礼俗

在我国大部分地区，产妇分娩前都有请神的风俗，所请者有"临水夫人"等。家人把临水夫人全身神像从庙中请到产妇房内以求其保护，产妇日夜焚香燃烛，供奉祷祝。遇着产妇难产，家里人则不断地在神前恳求哀告。如果危险期过去，生下又是男孩，家里人就要准备办酒席敬谢奶娘，并请神像"回銮"（指将神像送回庙里去）。旧时生女孩只有"回銮"，一般不办酒席。有的地区是把大门稍稍开启，产妇的房也不关严，有意让催生娘娘进来辅助孩子出生。

婴儿出生，对家庭来说是一桩大喜事。因此，婴儿一降生，主人就要到亲戚、朋友、邻居以及宗祠去报喜，报喜成为婴儿出生的一项礼仪活动。妻子产下婴儿以后，女婿即到岳母家"报生"。去时必须带一把锡壶，内装黄酒，壶嘴插柏树枝和万年青，寓意长命百岁，并带上鞭炮，寓意"报喜"，返回时岳母家则必送米和鸡蛋一类食品。有些地方有提鸡报喜的习俗，孕妇生头胎的当天，夫家就要准备两斤酒、两斤肉、两斤糖、一只鸡，由女婿到岳父家去报喜。

按我国的传统观念，一个家庭添丁加口，表明人丁兴旺。早在先秦时代，就有所谓的"弄璋"、"弄瓦"之说，生男孩叫"弄璋之喜"，生女孩叫"弄瓦之喜"。报喜时也是有分别的，比如，在浙江地区，提公鸡表示生男孩，提母鸡表示生女孩，提双鸡就表示生双胞胎。而居住在西北边疆的塔吉克族用另一种方式报喜：生下男孩时，父亲冲天窗鸣枪三声，并将枪放在孩子的枕头下，一则报喜，二则祝愿孩子勇敢、能干；生女孩时，言告邻里，并在孩子头上放一把扫帚，祝愿孩子长大后勤俭持家。

生孩子的另一项仪俗是在自己家门口挂上诞生的标志。这有两方面的意义，其一是标示产妇和新生婴儿的住处，提醒人们注意；其二是明确标示男女，用象征物寄寓对新生儿殷切的期望和深厚的祝福。

为了真实反映婴儿降生前后情形，笔者选择了最亲近的拍摄对象——侄女陈婵娟。她是笔者胞弟昌仁的女儿，宁波高校毕业并在甬工作一段时间后返回永康继续从事外贸工作，是一位聪明伶俐、人见人爱的好姑娘。2010年春，与同乡办厂小伙子李学刚喜结连理，双方属于晚婚。婵娟2011年春怀孕后经医院检查是双胞胎，预产期在2012年春节。为此，我电话与她联系，请她配合《永康民俗》之"婴幼儿寿诞礼俗"，为她的孕期及产后婴儿拍几幅图片，她欣然接受。为此，委托高级摄影师陈彩凡承担这一拍摄任务。

婵娟于2012年1月9日（农历2011年十二月十六）下午2点30分在永康人民医院顺利产下一对双胞胎，取乳名"左左、右右"。趁两个小家伙满月之机，笔者赶往他们家拍下了这双可爱的兔宝宝。

二　三朝礼俗

在孩子出生的第三天，生子之家要摆酒席，招待亲朋邻里，同时举行象征性的开奶、开荤仪式。"三朝"就是这种仪式的简称。仪式由一位妇女主持，妇女一边用手指把几滴黄连水抹在婴儿嘴上，一边念念有词，这些非常顺口的词句不外乎一些吉祥语，然后，让婴儿吃一口母亲的乳汁。最后，由接生婆为婴儿施行洗礼，叫做洗三，俗称"洗三旦"。洗三的方法，先预备一盆温暖的水，加入艾叶、鸡蛋，蛋壳打破取出蛋黄，向孩子周身摩擦，擦后方才下水施洗。洗毕，抱孩儿向天祝拜。

在很多地方，"三朝"不可忘之事，就是煮熟糯米供奉保护孩子的临水夫人。书香之家，在"三旦"时还要给孩子取个乳名。小孩生下十四天，叫做"开冲"，务须到娘家庙里去烧"开冲纸"，纸上印着"禁冲"两个字。

在大多数地方，孩子的外婆还要在"三朝"这天送来小孩周岁以内所需要的东西，还有寿桃、福寿糕等。无论生男生女，分娩以后，家里人就预备寿面和糖粥，分给邻里亲属，这叫做"落身梅"，表示孩子平安坠地，并且已经抱在床上喂奶乳的意思。在娘家得喜信之后，就预备布衫、裤子、裸裙、

尿布、鸡蛋、米面等物送去，婆家一起收下，第二日也买些光饼、猪肉等物品，回敬娘家，俗叫"圆饼"。亲戚邻里朋友等各有赠品，有送糖果、咸蛋的，有送鱼肉、糯米的，也有送布料的、衣帽的，各种各样，应有尽有。如所生为男子，礼物拜帖上，就写"充闾之敬"或"弄璋之敬"；如生女子，则写"门楣之敬"或"弄瓦之敬"。有的干脆用"红包"，在看到小孩时递上称"见面钱"。

陈婵娟身孕时

一般送"三朝"礼必须在上午太阳逐渐上升之时，意味着蓬勃健康，过了中午再送，孩子的家人会很不高兴。况且"三朝"喜宴都安排在中午，下午到也会给主人在招待上带来很多麻烦。

三 满月礼俗

满月礼，又叫"弥月礼"，是婴儿出生满一个月时，家庭为婴儿举行的满月仪式。孩子满月，值得庆贺；产妇出月，也该纪念，这样一来，满月礼也就颇为隆重、热闹。亲友也纷纷前来祝贺送礼，成为"弥月之敬"。特别是新做外祖母的，务必制作各种各样衣帽鞋袜等给外孙。

丰厚之家甚至中产之家都在满月时大开筵宴，款待族内耆老、亲房亲属及族外亲属，这叫做"办满月"。"办满月"多是男孩子的特别权利，生了女孩则没有如此热闹，有时家道富足，头胎女孩也稍微庆贺一下。满月时又须献酒食于庙中，敬奉"临水夫人"，以致感谢。另外，还需办一席丰厚的酒筵宴请外祖母，谓之"请外妈"，外婆家送的礼物中必须有圆镜、关刀和长命锁：圆镜照妖，关刀驱魔，长命锁锁命。

在很多地方，婴儿满月之日，还有剃胎发的仪俗。剃胎发也叫"铰头"、"落

永康民俗

094

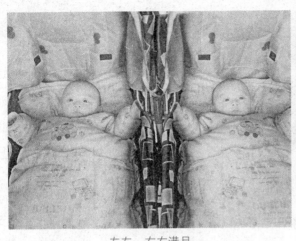

左左、右右满月　　　　　　　　　祖孙情

胎发"，剃头的仪式隆重、严肃，剃头一定要有规矩。婴儿的胎发也称"血发"，受之父母，除了要留一些表示对父母的尊敬、孝意外，剃下来的胎发也需要谨慎地收藏起来。有的地区将胎发用红布包好，缝在小孩的枕头上，有的则搓成团，用彩线缠好，挂在床头辟邪。一些地区剃头时额顶要留"聪明发"，脑后要蓄"撑根发"，眉毛则全部剃光，寓意孩子将来步步向上、前途光明。

四　百日礼俗

婴孩出生第100天，又有百日礼。百日礼也叫百岁，自古有之。"百"是一个重要的数目，含有"圆满"、"完全"的意义。举行百日礼，也就要在"百"字上大做文章。时间越晚，民间就越发重视婴儿满百天时的礼仪。至迟到宋代，人们已经把婴儿百日时的礼仪称为"百岁"。单是从名称上看，百日礼就明显地寓含着祝福小儿长命百岁的意思。

百日礼本身没有什么特别的仪式，只是亲友前来送礼祝贺。百日礼品和满月大同小异，有礼金、贺联、贺幛等，礼金用红包封套装着，外边写"弥敬"。这是小儿百日时通用的祝词。也有的给生男孩之家祝贺时，写"弄璋"，给生女孩之家祝贺时，则写"弄瓦"或"代玲"。贺联一般多用装裱好了的红色对联，上面写上贺词，如祝贺生男写"英雄啼声惊四座，得门喜气恰三多"、

陈磊百天

永康民俗

"麒书征国瑞，熊梦兆家祥"等。贺幛讲究的多用红色为主的彩缎彩绸，次者则用彩布，长4至6米不等，绷有四个红纸幛光，上书"天降麒麟"、"瓜瓞绵绵"、"螽斯衍庆"、"长命百岁"之类的祝贺词。

最有特点的百日礼物是百家衣和百家锁等各种各样的护身符。华北地区的百家衣状如僧衲，是集各种颜色的碎布头连缀而成的，虽然布头不一定来自百家，但敛布的家数越多越好。穿百家衣是为了长寿，所以有的家庭为孩子制作了好几件，以便换洗，一直穿到年满周岁。百家锁也叫长命锁，与此相关的还有百家锁、百家练，都是祝福婴孩长命百岁的象征物。百家锁或金、或银、或铜镀银、或铜镀金。一般锁上有文字和图案，文字多是"长命百岁"、"长命富贵"等祝吉词语，图案则是象征寿数不断的事物。和百家衣一样，百家锁也应该是集百家之金银打制，或是由许多人家集体送的。

百日礼和满月礼在设宴请客方面基本没有什么区别，有的大户人家在门前搭红、黄两色的彩牌楼或挂红黄彩球；院内高搭酒棚；设摆茶座；正厅作为礼堂，铺红毯，烧红烛，供神像；左右设宴，陈设所收各种礼品。简朴一些的只备办几桌酒席而已。

左左、右右百天

一些地区还有吃百家米（或饭）的习俗，旧时乞丐乞讨时，农民们常在给他米时从其米袋里抓一把珍藏起来，叫做百家米；也有的人家用红布做成口袋，由幼儿父母或至亲挨户讨要。用百家米做的饭叫做百家饭。民间认为，孩子吃了百家饭可以消灾祛病，身体健康，长命百岁。

五 周岁礼俗

孩子满一周岁时所操办的仪式俗称"晬"。富家照例是大张旗鼓地设筵庆贺，平常人家只略备碗菜款待乡亲外戚。

在孩子周岁时，外祖母又备办衣衫、鞋袜、食物、银器、玩物等送给外孙，叫做"晬礼"。其中有一件不可缺少的东西，就是"企车"，与今天孩子用的学步车相似，因为是木质结构，稍显笨重而已。送"企车"表示孩子能够站立，也是期盼孩子早日长大成人。

周岁日有一礼节，俗称"抓周"。即置小孩子于一个圆形竹器内，里面排着许多东西，诸如笔、墨、纸、印、砚、戈、矢、洋枪、银元、筷子、红蛋、花生米之类。如果是女孩，则竹器里摆放尺、针、线、珠、玉、粉、头梳、镜台、

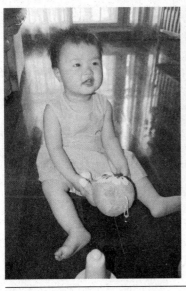
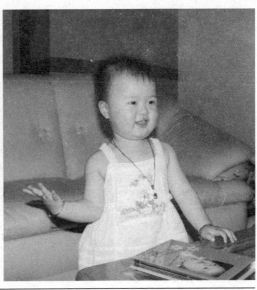

熙熙周岁

食品、玩具等女性用品。这些东西让孩子自由选择，以三次为限。孩子抓了三件东西后，家里就按三件东西的性质，来断定他或她是智是愚是廉是贫，好像孩子将来的兴趣或趋向，都由这一"抓"决定似的，这当然含有唯心色彩。而今很多地方依然保存着这种习俗，只不过人们更看重的是这种习俗的喜庆气氛。

永康民俗

第五节
成人寿诞

人为什么要过生日？什么是花甲、古稀？什么是米寿、茶寿？这些寿诞礼俗及称谓都有一定的历史渊源。

永康人很重视成人寿诞，既体现了对寿诞之人的尊重与敬爱，也反映了永康淳朴的风俗习惯。

一　寿辰

在《尚书洪范》中有云："五福，一曰寿，二曰富，三曰康宁，四曰攸好德，五曰考终命。"在我国传统五福中，寿是排在第一位的。人生的一切美好享受，都以生命的健康长久为前提，有寿就有福，因此，健康长寿是中国人的毕生追求。

孔子云："三十而立，四十不惑，五十知天命，六十耳顺"。一般来说，五十岁以后，人的身体年龄便进入了老年期。按照传统，进入老年以前的诞生日一般为"过生日"；进入老年期以后的寿辰，才名正言顺地称为"做寿"。

现代社会，随着人们物质水平的提高，也由于人际交往的需要，人们越来越重视对生日的庆祝，尤其是遇到小孩和老人的生日，即便平时的小生日，家庭成员和亲戚朋友也往往会借此机会团聚一堂，买个蛋糕插上数根蜡烛，送上几句吉祥的祝福。如果遇到逢五逢十的大生日，更要摆上数桌酒席，大大地庆贺一番。青年朋友过生日时，往往喜欢以舞会、派对等具有较强现代色彩的形式来庆贺。遇到恋人生日，则要表达自己思恋爱慕的心意。

在我国古代，寿礼形式繁缛复杂，从传统的摆设寿堂，供奉西王母、麻姑、东方朔、八仙等神仙像，到送寿面、寿桃、寿糕、寿幛、寿联等祝寿礼品，内容也非常丰富，有"六十六，吃块肉"等说法，以及"做九不做十"等生日禁忌。传统的寿文化源远流长，与民俗、宗教、礼仪等方面有着密切的关系，是我国历史文化遗产的一个组成部分，对现代社会仍具有较大的影响。

二　祝寿神话

寿星，现代人们在举行寿庆活动时，往往把祝寿人称为"寿星"，年纪大的称老寿星，并称男的为"寿公公"，女的为"寿婆婆"，年纪小的则称小寿星。寿星，顾名思义，原来是星星的名称。一说寿星原是二十八宿中的角亢星，即东方苍龙七宿——角、亢、氐、房、心、尾、箕的第一宿和第二宿。

每年五月初的傍晚，寿星便带着长寿的吉祥之光出现在东方。

由于祭祀寿星与敬老活动相结合，寿星遂定格为一拄长杖的老人形象。近代以来，寿星的形象更具有喜庆色彩，深受百姓喜爱，其形象为一位白发老翁，白须飘逸，长眉间透着慈祥，手持龙头拐杖，最突出的是那又长又大光秃的脑门，民间称为"寿星头"。关于寿星是大脑门，还有一种传说。相传寿星母亲十分着急，竟然捅腹中的孩子："儿呀，你为什么还不出来？"寿星在娘胎中说："如果家门口的石狮双眼出血，我就要出生了。"这话被隔壁的屠夫听到了，就用猪血涂在石狮双眼中，结果寿星就从母亲腋下钻了出来。由于未足月份，寿星的头就变得长而隆起了。

寿　星

年画《寿星图》是民间喜爱的吉祥物，图上那位慈眉善目的寿星老人满足了人们对健康长寿的美好祈望，人们看到他便心旷神怡，从中得到一种心理的满足和精神的安慰。"寿星图"四周还点缀有松鹤、兔、桃、灵芝、葫芦等表示长寿吉祥的动植物，这就更增添了吉祥的气氛，突出了长寿的主题。

还有些年画将寿与福、禄、星画在一起，表现既求长寿，又求官运、幸福的意思，被称为"福、禄、寿图"。

三　祝寿习俗

吃寿面。一碗热气腾腾的寿面，金灿灿、黄腾腾，吃在朋友的肚子里，喜在寿星的眉梢上。在我国凡遇到生日，不论是大生日还是小生日，也无论在城市还是在乡村，更遑论是富贵还是贫贱，请亲戚朋友或者同事邻居，吃上一碗寿面，已是最常见也是最普通的祝寿礼仪。

过生日吃面条的习俗。传说汉武帝有一次与大臣们开玩笑说，人的寿命长短与人中有很大关系，谁的寿命长，那么他的人中一定也很长。此时，东方朔便接口说：彭祖活了八百多岁，他的人中一定很长，他的面孔更不知有多长了。此说本是讽刺汉武帝的戏言，但经过长期流传以后，人们却真的认为人中长、面孔长的人寿命一定很长。由于"面孔"的面与"面条"的面同字，于是民间便以为吃了面条就会使人长寿。做寿之日吃面条的习俗，也就这样流传下来了。

四　寿酒与寿宴

寿酒，是祝寿或寿宴上所用之酒。"酒"与"久"谐音，"祝酒"也就是"祝久"，有祝人长寿之意。以酒祝寿，在我国早已有之。

在寿宴中，往往还有祝酒行令的习俗。酒足诗多，已逐渐形成一种寿筵文化，到清代达到高潮。

现代寿酒通常和寿宴联系在一起，"吃寿面"就是出席寿宴的俗称。都市人的大生日——逢十整数的寿宴一般在宾馆或酒店举行，寿数越高寿宴也就越隆重。到了寿辰这一天，家庭成员以及亲朋好友要带上各种寿礼，团聚在宾馆或酒店，大家笑语连连，为寿星祝寿。寿宴上的菜谱一般和婚宴及其他庆宴席一样，只是席间的奶油蛋糕和长寿面是必不可少的。

在过去的岁月中，笔者参加过许多寿宴。20世纪七八十年代在新疆工作期间，前期负责巴州地区电力部门工会工作，每逢电力系统干部职工贺寿，少不了向"寿星"敬酒祝福，场面非常隆重热闹，每隔半年左右就要举办一次类似活动。这样做的目的一是敬老，二是增强职工凝聚力，同时，也是工会作为职工之家应尽的义务。其间，笔者也偶尔参加当地维吾尔、哈萨克、俄罗斯等民族的"寿宴"活动。

1987年冬笔者调回永康电视台工作后，由于工作关系，仍对民间的如"寿宴"、"婚庆"感兴趣。姐夫应光洪七十大寿和姐姐陈莲芬八十大寿时，笔者都赶到前仓镇历山村向他们表示祝贺，那个热闹场面难以形容。笔者姐姐、姐夫一生务农，夫妇俩靠勤劳和俭朴养大了七个子女。七个孩子个个孝顺，有事业，有出息。如今他俩老了，衣食不愁，幸福安康，安度晚年。每次贺寿，一家大小百余人集聚在一起，其乐融融。

五　生日聚会

随着现代城乡人文化水平普遍提高，人们的传统观念正在不断更新。年轻人已基本摆脱了传统习俗的影响，他们将过生日看做生活旅途中的一个里程碑，一个新起点。因此，在过生日时，往往将一些自己感兴趣的娱乐活动融入其中。

笔者60岁生日宴

历山生日宴

有些年轻人过生日时，喜欢邀请三五知己喝茶、看碟、聊天，也有的喜欢与爱人或朋友一起外出旅游，领略大自然湖光山色的情趣；还有的在生日时，栽花栽树，以示纪念，或者参加一些公益活动，来体现自己的人生价值。在生日贺礼方面，现代城乡也都越来越趋于时尚化。他们用电话祝福、手机短信作为赠送朋友的生日礼物，有的则在电台电视台点播一首流行歌曲，向远方的友人表示诚挚的祝愿。总之，现代城乡人在生日活动和生日贺礼的形式上，越来越趋向多样化时尚化，这又是传统文化与时代进步相结合的产物。

六　做九不做十

在我国民间举行祝贺活动时，往往有做"九"不做"十"、做虚（岁）不做实的习惯。本来五十、六十、七十和八十等整十岁寿辰时，是最值得庆贺和纪念的日子，但民间有的地方往往将其提前到虚岁四十九、五十九、六十九和七十九时举行隆重祝贺仪式，到了整十岁时反而无所表示。2009年笔者妹莲卿五十九岁，她电话通知笔者参加她的寿宴。仙居的风俗与永康果然不同，印证了"百里不同俗"的习俗，那里是逢九过生日，于是与弟弟昌仁一同赶往仙居县城，参加了妹妹的贺寿生日。这是因为在我国传统观念中，认为"十"全为满，满则招损，"十"还有着到头、到顶的意思，做了整十岁的生日，似乎就意味着已将寿做完，这当然不吉利，因此，人们往往将整十的寿辰提前到虚岁逢九的寿辰来做，以表示还远远没有尽头。此外，"九"在我国人的心目中是一个吉利的数字，"九"与"久"相谐，寓有生命长久、时日持久等念，因此十分适合庆贺、纪念。

七　冥寿

冥寿也叫"阴寿"，是指已经死亡的父母或祖（外祖）父母的寿辰。《清稗类钞》云："祝寿者，祝其人之长生不死也。乃有为已卒之祖母、父母称觞祝寿者，曰冥寿，亦曰冥庆。"就是说，到了父母或祖父母冥寿的日子，子女们要为他们举行祝寿活动。为父母做冥寿的自称"追庆子"、"追庆孙"，意思是"追思"、"追庆"父母或祖父母寿诞的子女（孙）。

为什么人死了以后还要祝寿过生日呢？我国传统观念认为，人死了以后变成鬼，鬼虽然生活在阴间，但他们仍像活人一样有喜怒哀乐，七情六欲，也喜欢参加现实世界中人的各种活动。因此，每到这些亡故之人的寿诞之日，人们更要像他们在世时一样举办祝寿仪式，以表示对他们的怀念。此外，中国人大都有着强烈的祖先崇拜意识，对于自己的祖先极为崇仰，希望依靠祖先的力量来战胜困难，求取幸福。因此，在亡故的父母、祖父母的寿诞之日对他们行礼诵经，跪拜磕头，便是十分自然的事情。正因为如此，千百年来，我国广大城乡做冥寿之风盛行不衰。

较为隆重的冥寿庆祝活动大都是在寺院、道观中举行，时间也相对长一些，或一日、或三至五日，以圆满之日为正日，最长的则要达到七七四十九日，

做羹饭

届时要搭设神堂，并请和尚道士来为亡故的父母做水陆道场，念诵各种经文，子女们除了不断地在先人牌位前焚香点烛以外，还要跟着和尚道士一起念经文，做经忏，然后焚烧锡箔与衣物。用于冥寿的锡箔箱上，大都写着"阴先父母×××享用。阳×××敬献"等字样，认为这样便能使阴间的寿者专一享用而他人不能得到。

冥寿庆祝活动一般要做到一百岁为止，因为，按照我国民间说法，人活到一百岁以后就要重新投胎，去做后一个世人。因此，一般来说，百岁的冥寿庆祝活动仪式最为隆重，规模也最为宏大。

八　祝寿礼品

蛋糕与鲜花。

现代社会具有西方化色彩的奶油裱花蛋糕，成了大都市最为流行的生日馈赠礼品。不论是小孩做满月、周岁、十岁，青年人过二十岁、三十岁生日，还是老人做大寿，几乎都少不了这道甜美的风景线。供过生日或祝寿用的奶油蛋糕四周，通常都镶嵌着用鲜奶和巧克力做成的美丽花纹，中间写着"生日快乐"、"生日幸福"、"寿比南山"、"福如东海"等文字。随着人们生活水平的日益提高，奶油蛋糕质量和规格也随之上升。现在各种高档的奶油蛋糕品种繁多，如巧克力蛋糕、水果蛋糕、鲜奶蛋糕，以及双层、多层蛋糕等等，都走进了寻常百姓家门，成为亲友间祝寿时的首选礼品。在举行祝

生日蛋糕

生日鲜花

寿活动时，蛋糕上常常插着表示寿者岁数的蜡烛。在"祝你生日快乐"的音乐奏起后，亲友们点燃蜡烛，寿者站起双手合拢许下心愿，燃后一口气将蜡烛吹灭，再用刀切开蛋糕分给众人。大家在分享奶油蛋糕的甜美和主人的生日快乐时，寿礼也达到高潮。

和蛋糕的风行一样，做生日时赠送鲜花也是都市人的时尚。赠送鲜花的形式主要有两种，一种是束花，一种是花篮。束花大多选用菖兰、泽兰、康乃馨等与寿诞风格较为吻合的花卉品种。送给恋人，也有选用红玫瑰再铺以文竹、满天星等装饰草作为映衬，将其扎成一束后，外面包上漂亮的包装纸，扎上红丝带，就成了一种吉祥雅致的生日礼物了。现代都市中还流行用礼仪鲜花，即委托礼仪公司为好友送上鲜花作为生日贺礼的。

用于寿礼的花篮大多选用较为名贵的花卉品种，如蝴蝶兰、玫瑰、香水百合、红掌、洋兰等等，再辅以虎皮兰等一些阔叶的装饰草作为映衬。将它们插入一个漂亮的竹篮中，在竹篮的饰带上写上"祝×××生日快乐"、"×××寿辰志喜"等文字。

九 寿桃

"寿桃夭夭，灼灼其华。"桃，其花红，其绿叶，其果甜。桃之美，人共识。桃在我国民众心目中，已成为长寿的象征。

桃能驱邪避害，自然也象征着长寿。《神农经》中有"玉桃服之，长生不死"的记载，《西游记》中西王母的蟠桃园里，三千年一熟的仙桃，人吃了成仙成道，体健身轻；六千年一熟的仙桃，人吃了霞举飞升，长生不老；九千年一熟的仙桃，人吃了与天齐寿，日月同庚。传说东方朔曾三次偷吃仙桃，寿命至少在一万八千岁以上；还传说西王母每逢桃熟，都要在西天祭池设下蟠桃会，大宴各路神仙。

桃是神话中的仙物，在民间自然成了长寿之物。各地百姓每逢亲友寿诞之日，总喜欢用寿桃作为礼物来互相馈赠。

现代民间的寿桃一般用面粉或米粉做成。其形状为下圆上尖，酷如桃形，颜色大多为红色，桃尖上还点上一个红点。寿桃里面有时有豆沙、百果等甜馅。赠送寿桃的数量也有一定的讲究。有的地方赠送寿桃的数量必须为一大八小九枚，象征八仙祝寿。有的地方是八枚，表示八（百）福长寿。也有的地方是按寿者的年龄来赠送寿桃的。例如，六十岁寿诞就送六十枚，七十岁就送七十枚。赠送寿桃时把它们层层相叠，堆成宝塔形，顶上也要插上大红寿字。这样的摆设方式，有祈祝寿者寿高命长、洪福齐天的含义。

永
康
民
俗

寿　糕

寿　桃

十　寿糕

寿糕也称"定胜糕"，是我国传统社会中一种典型的祝寿礼品。在汉语音中，"糕"与"高"相谐，有高兴、高升、抬高等吉祥寓意，因此，糕是民间十分喜爱的食品，并成为用来表示祈祝长寿、吉祥的馈赠礼品。寿糕大都用面粉或米粉做成，其形状如同一个绕线板，用两块梯形的糕对叠粘搭而成，颜色为粉红和深红。赠送寿糕和寿桃一样，也必须将它们叠成高高的宝塔形，上面插上彩色的寿字。较为讲究的，还要插上一些粉捏的吉祥人物塑像，如八仙、寿星、王母等，以增加喜庆的色彩。

十一　寿联

在我国传统社会中，遇到亲朋好友寿诞时，尤其是具有较高学识修养的文人之间，送上一幅寿联，既表达撰写者的祝寿心愿，也称颂寿星的生平业绩，是一种颇为高雅的祝寿礼品。

寿联分自寿联和贺寿联两种。自己为自己撰写的寿联称自寿联，他人为寿星撰写的叫贺寿联。

自寿联内容往往多诙谐，以自嘲的笔墨写出，妙趣横生，或感慨人生得失，或抒发志趣情怀，具有鲜明的个性。自寿联要写得既有风采，又恰如其分，实在不是一件容易的事情。

历代自寿联中较有名的是清代郑板桥的六十自寿联：

常如做客，何问康宁，便使囊有余钱，瓮有余酿，釜有余粮，取数页赏心旧纸，放浪吟哦，兴要宽，皮要顽，五官灵动胜千官，过到六旬犹少。

定欲成仙，空生烦恼，只令耳无俗声，眼无俗物，胸无俗事，将几枝随意新花，纵横穿插，睡得迟，起得早，一日清闲似两日，算来百岁已多。

郑板桥以诗、书、画"三绝"闻名于世。此联共104字，如行云流水般

永康民俗

寿　联

一气呵成，表达了他为人的豁达和随遇而安，读来令人忍俊不禁。

　　传统的贺寿联一般以恭维客套居多，如"寿比南山"、"福如东海"之类，一般出色的贺寿联，往往写出贺者的真情和受贺者的特点。或赞其职业、赞其品格、赞其特殊的功德等。如果没有对被贺者的深切了解和贺者拥有深厚的文学功底、高超的语言驾驭能力，是很难产生佳作的。

　　冯玉祥六十寿辰时，朱德和彭德怀送过他一幅寿联：

　　　　南山峨峨，生者百岁

　　　　天风浪浪，饮之太和

　　此联极其精练地表现了冯将军为人处世的风貌，并祝他精力充沛、永葆青春。

　　在我国民间传统寿联中，内容最为多见的为祈祝长寿，如"松龄长岁月，鹤语记春秋"、"海屋仙筹添鹤算，华堂春酒宴蟠桃"；有祝贺双寿的如"蓬岛真人窑池仙子，家庭全福天上双星"、"年享高龄椿萱并茂，时逢盛世兰桂齐芳"；有庆贺八十寿诞的如"盘献双桃岁熟三千甲子，箕衍五福庚同八十春秋"；有庆贺百岁寿诞的如"人瑞同称耀联弧悦，天龄永享庆溢期颐"等等。寿联的词语一般根据寿者的性别、年龄作相应的变动，如送给男性的，大多用"松柏"、"北斗"、"泰岱"、"南山"、"鹏程"等，以表现男性的刚强坚韧；送给女性的则多用"瑶池"、"王母"、"萱草"、"婺彩"等，赞美女性的柔美温和。

十二 寿字

现代，在一些为长寿老人庆贺寿诞的酒宴中，往往可以看到墙上贴着大红的"壽"（寿字的繁体字），这个"壽"字形态各异，有时是长方形的，有时是圆形的，有时是花壽的（在花壽字中间画上各种各样的花卉、人物、器具等图案）。

经过无数朝代的变迁，寿字终于变成了今天我们所见到的模样。现代汉字中"寿"字，已是一个基本脱去象形色彩、具有鲜明楷书特点的字形了。

十三 百寿图

百寿图，就是用一百个不同形体的"壽"字所组成的图像，有圆形、方形、长方形数种，也有在一个大"壽"字中再写上一些小"壽"字的，图像中的字体多为繁体。有篆体、楷书、隶书或几种字体混合兼用。不同形体的"壽"字组合成的百寿图，往往能够产生一种独特的艺术效果，给人以富丽堂皇、意蕴深刻的感觉。当然，百寿图在创始之初并不是被人们当做一种艺术品来欣赏的，它是我国古代民间对长寿理想的一种寄托。因此，它总是被人们排列得整整齐齐，书写得端端正正，并带有一种朦胧的神秘主义色彩。

百寿图

十四　寿称

花甲：指人进入六十岁这个年龄阶段。

古稀：指人进入七十岁这个年龄阶段。

"古稀"一词源于唐代杜甫《曲江首》中的"酒债寻常行处有，人生七十古来稀"。世间普遍认为七十岁是人生一道高高的门槛。

耄耋：指人满百岁。百岁以上的寿星，也有以"天年"作喻的，意思是上天赐予的高寿。

附：

贺寿纪事三则
之一

历山寿星——应光洪贺寿纪事

2010年正月初八，我搭乘老板徐振星车前往历山，参加初九姐夫八十寿辰生日。因初九凌晨四点就要起来杀猪宰羊，五时就要"还愿"，故提早赶到以免误事。

年初八上了山后，我带上数码相机往里历山山上行走。里历山上千亩山林已被前仓镇一个老板长期租用，并投资了上千万元正在开发，原先满目绿油油的原生态山林已不存在，一片片茂盛的原野已经消失。如今展示在眼前的是山地改成了一道道梯田，并种上了众多的经济林"香榧"树苗，尚有一部分待种。沉睡了几千年的大山也改变了观念，接受了外界的新鲜事物。我顺着盘山公路一边欣赏一边思考，沉睡了几千年的大地，如今变成了"经济林"，大多村民得到了实惠。要不了多少年，这里必定变成有特色的"农业观光园"，吸引城里人到这里旅游观光。

下午午休后我又去缙云县新建镇的西青头村转了一圈。西青头是革命老区，我多年不去了，村里的变化很大。晚上在外甥女家用餐，姐姐的儿女们杀鸡、杀鹅忙得不亦乐乎。

次日凌晨四时，我被外甥女婿林民唤醒，来到两华里外的姐姐家。这天要杀猪、宰羊，为姐夫七十时许下的愿还愿。到姐夫家时，门里门外几十个人正聚集在一起，外甥们从猪圈抓猪，一头近300斤的大肥猪终被他们制伏，不一会儿工夫，一头猪在马林明操刀下，很快分离了。在还愿现场，一株银

还愿习俗

贺　寿

杏树下，朝北方向，贡桌上摆满了水果、香烛，旁边还架着全猪全羊。由姐夫弟媳妇李云芳诵经，女婿、儿媳妇及姐夫持香火拜天地，最后又许愿九十岁长寿再来还愿，我在旁加了一句"长命百岁"，诵经者又加一百零几岁，但愿健康长寿。时至五点五十分，天已蒙蒙亮，还愿仪式结束。只听见宅基前鞭炮响彻云霄，足足燃放了半个多小时，据说，这花费两千多元的鞭炮是儿女们为勤劳一生的老父亲祝寿而安排的。

七点时，天已经大亮，大外甥喊着客人们去吃早饭，大锅粥格外好喝，我竟然喝了两大碗。上午，缙云和永康等八方宾朋陆陆续续上山来，顿时山村里异常热闹起来，至十一时，又放鞭炮，午宴开始了，百余名客人纷纷入席，房里屋外整整摆了十八桌。席间，姐夫由大儿子应子明陪同向客人敬酒致谢，一个大蛋糕把姐夫及儿女们逗乐了。最后四代同堂在房前拍了张全家福合影。

永康民俗

全家福

时隔一年多，这浓浓的民俗风情仍时常在我的耳边响起。

今年正月我姐姐也贺八十寿诞了，这一家人的幸福和谐受人称赞和尊敬。

祝愿姐姐姐夫长命百岁，永远幸福安康。

之二

棠溪上马之行

2010年2月16日，正值大年初四。由于地上还有积雪，棠溪绕步岭是否通车还不知道，于是我们五人同行，带上雨具、摄影包，穿上保暖衣，背

陈凤起老人喜笑颜开

孝女之心

幸福一家

上独脚架，准备翻山步行到棠溪上马拍年俗。到了东站一问可通车，于是我们搭乘去棠溪的班车。到了棠溪下了车，我们都取出相机，一边步行，一边拍年俗。正月的棠溪非常热闹，车来人往，棠溪、义门、百念秤、上马等处还透着寒意，山上、房顶也有积雪，在义门溪边一长排的火腿挂在竹架上，难得见到的太阳钻了出来。溪边，东一伙西一堆男男女女老老小小，在门口贴红纸对联、挂大红灯笼，有说有笑聊着天，到处洋溢着节日气氛。

时值十二时，位于上马村住在溪边九十岁高龄的陈凤起老人的一场家庭寿宴开始了。据说他还不知晓，是由小女陈彩凡策划已久并出钱，在嫂嫂、姐姐和姐夫的支持下，为父亲贺寿。此时，儿女、儿孙、侄女及外甥、外甥女们纷纷向这位慈祥的老人送红包，表示祝贺，家宴简朴而热闹，表达了儿女们的孝敬之心。平时在家里，是姐姐秋月、姐夫荣林一年四季照顾老人，小女陈彩凡则每逢过年过节都要回家看老父亲，经常为父亲洗洗脚剪剪指甲，受到村民们的称赞。她和姐姐俩都是孝女。有儿女、儿孙、外甥、侄女们的孝顺，加上家里有吃不完的食品、穿不完的衣服，在上马村这个和谐文明村，陈凤起也算一位典型的幸福老人。午宴后，一家老少在庭院一起合影留念，为陈凤起老人九十岁寿庆画上了一个圆满的句号。

永康民俗

之三

祭扫聚会两不误

2010 年 4 月 3 日，正值清明前夕，是星期天，我们一家兄弟姐妹约好这天在大陈聚会，一来共同去扫墓；二来在盘龙谷景区聚餐，祝贺爱妻李淑女七十寿辰。历山姐夫从历山下山到石雅村儿子子星家等待，小弟昌仁开着电瓶车去接。仙居妹妹莲卿，已于两天前到永康，去看望住在医院的姐姐。早

桃李满天下一生从教的李淑女老师

上莲卿儿子李永健夫妇和女儿李晓影夫妇又从仙居赶过来，大家一起到弟弟昌仁家相聚。早上，弟弟家已经准备好了清明稞和粥，十时许，首先去了位于马面山脚下的爷爷奶奶墓扫墓，随后到黄沙潭为父母祭拜扫墓。十一时，一家人浩浩荡荡去盘龙谷聚餐。

　　难得的一次聚会，整整四桌。这简朴而又短暂的聚会，是人生的一瞬，席间亲人们一边品尝餐桌上的土菜和野味，一边举杯向寿者敬酒，赞颂她一生为人民教育事业操劳，感谢她为儿女操劳，祝福她身体健康、晚年幸福！

三联水库（盘龙谷）

我也举杯祝愿爱妻永远美丽，健康长寿！爱妻也举杯回敬亲人们事事顺利，幸福安康。淑女的七十岁生日，就在这踏青时节，于山清水秀风景区，在缅怀前人丰功伟绩、祝福后代繁荣昌盛中度过。

永康民俗

第六节

民　居

　　建筑的色彩、材质与周围环境统一而协调，是中国传统民居最吸引人之处，不同的民族、气候以及地理条件，激发了潜藏各地的美感创作，呈现迥然不同的民居韵味，展现不同风貌的生活情调。住宅是人类生活的重要组成部分。中国民居的木构架形式远在原始社会末期就已经萌芽。在以后的几千年，各民族经过不断努力，创造出各式各样的住宅建筑形式。这些住宅建筑形式虽然有其历史的局限性，却都是先民的智慧结晶，是中国传统文化，也是人类住宅文化宝库中的珍贵遗产。

永康民居

根据考古资料，母系社会时的房屋有多种形式，有的是半地穴式，也就是在地面下挖了一个浅土坑，利用坑壁做墙，然后在坑口搭建屋顶，有的则是全部在地上建造。但无论哪一种，墙壁都很矮，最高也不过一米左右。墙芯是用木棍草绳编扎的篱笆，然后在篱笆两侧抹上黄泥，房屋的平面有圆形方形两种，面积都很狭小，只能容纳三四个人居住。如果房屋较大，里面还设置若干柱子支撑屋顶。

当时，一般的村落里有几座大房子，四周则是许多小房子。大房子每边长约几十米，入口处还有一个长四五米、带有人字形屋顶的通道，大房子是男性、婚龄前的女性和超过生育期的女性集体居住的地方，是一个族群的中心，也是族群祭祀神灵的地方。大房子的中心是伙房，也就是族群的大食堂。小房子则分配给婚龄妇女每人一间，每到晚上，小房子的女主人就会叫她的意中人前来同居。小房子的门都朝向中央的大房子，以方便族群之间的联系。

商代的民居虽然还部分留有半地穴式住宅的特点，但随着木器工具的发展，人们已经开始用版筑的方式夯制土墙，因此，民居建筑的高度也随之增加，住起来也较为舒适。当时室内铺席，人们坐在席上。而且已经有了床、案等家具。西周到春秋时期，人们发明了瓦，这是中国古代建筑史上的一个重要进步。人们还建起了有门、有院、有堂的院落型住宅。汉代是住宅形式比较繁多的一个朝代。

唐、宋、元、明、清几代，中国的院落式民居已经定型。

总之，民居是建筑技术和文化艺术的结晶，民居坐落在旧时的城市或乡村之中，其型制是与当时的生活方式、民间习俗紧密联系的。中国几千年文化积累所综合形成的复杂的民风、民俗，正是构成民居文化的深厚基础。

永康民俗

永康地处浙中丘陵地带，村落一般依山傍水，因此多用"山"、"溪"命名。如"舟山"、"珠山"、"古山"、"棠溪"、"西溪"、"苏溪"、"溪边"。村中有井有塘，用于饮水涤洗；村口有大樟树，筑有水口岸、水口殿、一增风景、二挡风水。绝大多数村落都以一姓（男人姓氏）聚居，村内宗族关系错综，多数建有宗祠。

旧时院落多为砖木结构、"凹"形三合院建筑，故名"七间头"、"九间头"。世间和左右大房坐北朝南。西厢房子互相对称。房前有走廊，俗称街沿。中间有天井，俗称"明堂"。前面有回墙，用于遮挡。世间不构壁，充当客厅，祭奠、设宴用。两旁大房和两侧厢房一般以木板为壁，窗多用木雕方格，花鸟图案。房内安排，楼下前半间住人、会客，后半间做厨房（也有在屋后面另外建屋作为厨房的）。楼上安放谷柜和稻草、柴火等，无厢房、天井、走廊。随着生活的改善和生活方式的变化，不少人家造房子，开始用钢筋水泥结构，上用空心水泥板搭阳台、平台，下面居住。

在建房用建筑材料上，永康自古就有石头筑墙的传统习惯。因此，永康溪滩上很少能找到拳头以上大的卵石。近百年来，永康泥瓦匠仍有不用牵线筑石子、卵墙的高超手艺，惯于在旧居遗址的泥土下挖出石卵用于建筑伙房。至今这种石头屋还常见于全市各乡村，特别是有溪流经过的山区处处可见。

位于北京郊区延庆的古代原始人集居的"古悬居"

21世纪以来，笔者在单位工作时及退休后有意对永康的山区乡村进行了实地考察，如前仓镇的历山村、西溪镇的上马村、中山端头村、永祥大兰村。其中，永祥大兰村是名副其实的山寨，所有的房子依山而建，墙基用

五十年代的历山山铺

石块垒建而成，道路也用石块垒建而成，一层一层富有层次，富有动感。另有古建筑较为集中享有中国历史文化名村美誉的——前仓镇后吴村以及一个

永康民俗

前仓镇后吴村古建筑

上马村古建筑　　　　　　　　中山乡村

历史诉说

"文革"前大陈会堂　　　　　　　老　宅

方岩五峰宾馆　　　　　　　大陈村新貌

三面环山，有村中溪，村口有一座横跨两岸的仿古建筑木廊桥，东面是一片风景林，西边是"陈氏宗祠"，正在规划创建永康市三十五个首批试点"美丽乡村"之一的大陈村等，各有特色。笔者对其进行实地考察和记录，展示出目前农村的建筑和居住特点。

"荆川桥"修桥记

仿古建筑木廊桥——"荆川桥"是目前永康农村罕见的古建筑，是市级文化保护单位。

大陈村口有座古色古香的木廊桥，横跨荆川，古称"荆川桥"，俗称"红大桥"。荆川桥建于明代嘉靖年间，一墩两孔。石墩木梁结构，全长19米，宽8米，有游廊坐凳，建筑风格仿古，通行、游览兼用。从廊桥至上桥头约300米，中间有9座桥梁连接两岸。廊桥西边是陈氏宗祠，东边有一片约200米长、50米宽的厚栋。

荆川桥因年久失修，已经破旧不堪。本着"修旧如旧"的原则，村两委乘东风、顺民心，果断决策重修荆川桥，此举还得到市文物管理委员会办公室支持。

在村党支部书记陈子毅、村民主任陈泽胜决策和指挥下，市旅游局干部

大陈荆川桥

永康民俗

陈昌余负责计划安排，吕振荣负责设计，本村木器师傅陈明华、陈明忠兄弟俩负责施工，在村二委全体干部党员和广大村民支持下，从设计到施工，荆川桥修建历经三个月完成。修桥耗资近30万元，由市委城乡一体化办公室下拨10万元、文物管理委员会办公室下拨5万元，村民主任陈泽胜资助15万元。荆川桥是"天时、地利、人和"的产物。

大陈陈氏宗祠

陈氏宗祠位于前仓镇大陈村村口，坐北朝南，系明朝嘉靖十四年（1535年）始建，数百年来虽经多次修缮，但因饱受沧桑而破败不堪。村党支部、村委会经多次讨论，决意顺民心翻修陈氏宗祠。

翻修工程得到市文物管理委员会的财力支持，另外大部分资金仍由本村承担。

大陈村近些年投入村庄整治，三清四改家底空，何以支付巨额翻修资金？

两委只得仰仗包括安居在外的青壮年村民的慷慨赞助，共收到捐助款70万元，其中村民主任陈泽胜资助30万元。

本工程由浙江省古风建筑有限公司设计，浙江匀碧文物古建筑工程有限公司金华办事处负责施工，整个工程由村民主任陈泽胜、书记陈子毅主抓，分管干部和村文保员陈华中具体负责。翻修工程从2011年10月中旬进场施工至2012年7月正式完工，验收评定为优良工程。

翻修后的陈氏宗祠，既保持了旧有风格，又以崭新面貌展示在世人面前，同时将村两委办公室、文化活动中心，包括农家书屋安排其中，宗祠成为村民政治、文化活动中心。

陈氏宗祠和荆川桥均属民心工程、积德工程、造福子孙工程，两建筑遥相呼应，屹立在村口东方，成为大陈村一道亮丽的风景线，千古流芳，永载大陈史册。

第七节

服　饰

　　首服，亦称元服。元本指头，黄帝时就发明了冠，"峨
冠博带"，自此便成了华夏衣冠的代称。汉民族行成人
礼——男子冠礼，女子笄礼，足见首服在民族文化心理
中的重要地位，可谓：顶天立地，从头开始。作为衣冠大国，
向来衣冠不分家。冠巾对应着身份地位，二十年弱冠后，
士人冠而庶人巾。衣冠齐整才是完整的仪容，古人重之。
几乎是从服饰起源的那天起，人们就将其生活习俗、审
美情趣、色彩爱好，以及种种文化、心态、宗教观念，
都积淀于服饰之中，构成了服饰文化的精神文明内涵。

古代服饰

服饰的作用，照墨子的话说，是为适身体和肌肤。《易·系辞》则说："黄帝尧舜垂衣裳而天下治。"可见，服饰还是古代帝王治理天下的工具。考古学家在北京周口店遗址发现山顶洞人使用过的骨针，由此可知那时人们已经知道缝制衣服了。在新石器时代的彩绘陶器上，还出现过穿衣服的人物图案。

进入阶级社会以后，商朝给我们留下了一些服饰的资料。从出土的商朝人物雕塑上，可以看到头戴扁帽、身穿右衽交领衣、下穿裙裳、腰间束带、裹腿、着翘尖鞋的奴隶主，以及免冠、着圆领衣、手上戴枷的奴隶形象。从这些材料看，古代华夏民族那时已经形成了上衣下裳、束发右衽的装束特点。

永康民俗

周代留给人们最深刻的印象是服饰制度的系统化，是上衣下裳相连属的深衣式样的问世。这种时兴的衣饰，在后代又陆续演变为大袖宽衣的禅衣、元代的腰线袄、明代的曳撒和现代的旗袍。

春秋战国时代，在服装方面最重要的变化，是中国人已经相当自如地控制衣着的宽窄大小，中国服饰进入按头制帽、量体裁衣的阶段。

从东汉、魏晋南北朝到唐代的服饰中，胡服别具一格。盛唐时期，贵族妇女最时髦的衣服式样之一是对襟、褶领，下摆有锦边装饰，窄袖，下带竖条的小口裤的胡服。辽、金、元时期，契丹、女真和蒙古人民在保留本民族服饰特色，如团衫、姑娘冠等的同时，也沿袭了汉、唐、宋代的友族礼服制度。清代男子剃发梳辫，着长衫。在康熙以后马褂日趋普遍，还有不带袖的坎肩及套裤。一般女子服饰，满族妇女有上下连的旗袍，喜罩马褂；汉族妇女则南北不同，南方多系裙，北方扎裤脚。衣有对襟、大襟、琵琶襟，裙有凤尾裙、百褶裙等。

房中老人

最后的风景——小脚女人

大陈村 98 岁李小奶至今保留着早期的服饰

旧时衣裤

现代服饰

在永康，城乡的服饰分男、女、少儿衣服。

男性：旧时，老人喜穿长衫、棉袍、大襟便衣、套褂和镶着八寸阔腰的裤子，颜色以青、黑、褐为主。中青年，以前最时兴足布长衫加黑缎马褂，好穿对襟奕身、长袖、套褂。颜色以青、蓝、白为主。幼儿小孩，上衣有长衫、棉袍、兜肚、肚秋、连身衣，下身穿开裆裤、连袜裤，色彩鲜艳。

女性：以前老人多穿短件，少有长衫。上衣为大襟、单衣、夹衣，下身为镶腰裤、夹裤、棉裤。颜色以青、黑、褐、灰为主。中青年女人喜穿旗袍（着短裤）或大襟衫（下身穿便裤）。现代，少穿大襟而穿对襟，式样也比以前讲究了。

少儿：幼儿穿有兜肚、肚秋、开裆裤、连袜裤、制服、小军装等。颜色最为丰富，应有尽有。

男女老少的衣料，随着时代的进步，有了颇大的变化。旧时，衣料以绸、缎、丝、青白土布、青白洋布、黑蓝咔叽、士林兰、自织花布等为主。二十世纪六七十年代，以市场出售的毛料、的确良、尼龙、腈纶、人造棉和棉布

永康民俗

戏装书写着几千年的历史文化

为主，但仍有少数土织布料。到了 21 世纪，人民生活水平起了翻天覆地的变化，除在偏远的山区乡村见到一些老太太有时还要穿一点过去的土织布料外衣外，在城乡几乎都是清一色从商场、服装店选购的成品衣，贵者上千元，甚至数千元，价格低一点的也要几百元或几十元不等。

各类服饰

时装秀

影友留影

鞋　帽

帽子：古代男人多戴棉帽、瓜皮帽（帽碗）、双须风帽、礼帽等，青年多戴瓜皮帽、风帽、小生帽、狗头帽、帽圈、毛线帽等，老年妇女多戴黑色纱帽、黑色平绒珠花包头。永康人雨天好戴大箬帽，或穿蓑衣戴小箬帽。如果出门或到田畈干活都戴小凉帽。

鞋子：古代永康成年人一般都穿低帮布鞋、高帮棉鞋。小孩穿云头鞋、虎头鞋。雨天老年人穿高筒牛皮硬钉靴，一般人家穿低筒套靴、木屐。上山爬岭或出门走远路，男人一般都穿本地用稻草编织的草鞋。

旧时，有"小孩屁股三斗火，蒸格馒头蒸格粿"之说，故无穿棉之俗。由于生活艰难，不少青年还穿不上棉袄，有"一层洋布隔层风，三层洋布好过冬"之说。

随着时代的变迁，鞋帽的样式、原料变化很大，与金华八婺穿戴逐渐相近了。

旧时鞋帽

装　饰

清朝时男子留长辫，妇女窝头髻，男童三簇桃，童女三桃辫。民国以来，男子以剃秃头（俗称和尚头）为多。青年妇女剪短发，小孩兴理"簸箕平头"，扎"两角扭"。

饰面比较讲究，男子一般十八岁开始刮面、剃胡，三十六岁留胡，五十岁开始留须。女子四五岁开始染指甲，额上点红月，用黑膏画柳眉，拔眉毛，搽胭唇，结婚后，开始用纱线夹面毛，有"面毛姑娘光面嫂"之说。以前女子很少外出，每上街到市、上方岩、走亲戚都要饰面。

佩戴以小孩和青年女子比较讲究，小孩习惯戴银宝环（银项圈）、手镯、脚镯、长命锁。姑娘喜欢戴银锁、耳环、手镯、金戒指。此外，还有男子平时扎腰带。过去，农家男子出门或到地里干活必带汤布。现在，还有许多人沿用。"汤布"用白色土布制成，约七八尺长、二三尺宽。寒冬用以扎腰保暖，盛夏披之于肩遮日透凉和揩汗，挑担用以垫肩，洗澡用于揩身擦背遮羞，田间休息用以作垫作席，平时还可用来包东西。

附：

一件棉大衣

笔者十岁那年，母亲为我筹办了一件棉大衣。用父亲挑柴到前仓集市去卖和平时积累的几十个鸡蛋拿去卖换回的钱，在前仓供销社买回了布料和棉花，之后我跟父亲到前仓裁剪师傅那里量体裁衣，约过一星期，我的一件大衣做好了。我高兴极了。十月初二生日那天我就穿上新大衣上学了。这在学校也是很显眼的，大家都说我父母亲好。在班里同学中，我是第一个穿棉大衣的，作为一个贫苦人家孩子，能有一件棉大衣，我感到十分自豪与满足。

其实那件棉大衣，面子是蓝哔叽，里子是普通棉布。在没有棉大衣之前，我和大家一样，身上穿的没有带棉的，到了严冬也如此，只不过多穿一层单衣而已。

1958年我考上石柱中学，入学时带的一床方格被和一只旧棕色皮箱还是同村表大姨几个表兄外出求学用过后留存的，方格被虽然陈旧，但干净完整，解了燃眉之急。近些年，我常返回老家大陈，有时碰到小表兄陈长学，我还提及此事，他说，那是我家兄弟三个都盖过的方格被，说那是一床"吉祥被"。

永康民俗

第八节

饮　食

民以食为天，我们每个人都离不开饮食。中国地域辽阔，各地饮食风俗千姿百态，饮食文化源远流长、博大精深。从茹毛饮血到美酒佳肴，饮食的功能也发生了巨大的变化，它不仅是日常生活必需品，也成为一种文化。

中国人把吃饭问题当做天下头等大事是很有道理的。

一　民以食为天

中国饮食素以原料丰富著称，天上飞的、地上跑的、田里长的、水中游的，没有中国人不吃的，其原因首先就在于中国人对于自然的亲近。这个特点在开化较晚、保留原始遗风较多的蛮区更为明显。

永远在一块土地上劳动，生活的局限一方面养成了人们在有限的土地上精耕细作的习惯，在饮食上，人们把能够吃的东西都吃到了，把各种可能的吃法也琢磨到家了。这是农业文化的典型特点。但是另一方面，我们知道这个世代辛劳的农业民族是个崇尚俭朴的民族，"食无求饱，居无求安"是传统的美德，酒肉奢华从来都是人们唾骂的对象。

造成饮食文化高度发展的重要原因是饮食文化所具有的社会功能，这功能表现在家庭、村落的生活和治理观念及社会观念的各个方面。此外，固定的农业和家畜业以及季节性的狩猎，给饮食文化提供了可靠的来源；稳定的定居生活、一年一度周而复始的韵律，也给人们以充实的余地越来越精细地琢磨自己的文化。尤其是当农民把粮食收回家中，从田野返回家居村落度过漫长的冬季时，饮食几乎是头等重要的文化活动。

在中国古代特别是上古的时候，人们往往以食物、食品的等级来区分人的高低贵贱。到后来，饮酒器——鼎也一样。鼎本来就是一种炊具，相当于煮饭的锅，《说文》解做"调和五味之宝器也"，到了后来，鼎变成了用来装盛供神祭品的容器，这时的鼎就慢慢被神圣化了，它变成了一种礼器。人们后来又对它加以各种神话的描述，像皇帝主铸鼎、夏禹收九州之铸为九鼎等，这样鼎慢慢演化为国家政权的象征。

二　饮食烹调艺术

中华民族民间百姓的饮食民俗，远远不止五千年的历史。在距今六七千年的考古文物中，就有盆碗、盘缸以及甄、鬲等之类的餐具和饮具，其中的盆碗、盘缸等今天依然是我们民间的主要食具。据史书记载，殷周时代就有酱油、醋、酒等主要调料，有泡、熬、炖、扒、烩、炸、烤、烧等主要烹调方法，几千年来几乎没有什么改变。

中国食品不仅与绘画有关系，同雕刻的关系也不疏淡。中国烹饪的刀法中就包含了雕刻的技术，它分平雕与立体雕两种，在瓜果原料上刻出花卉、鸟兽、风景等，形态逼真、悦人眼目。

食品不仅与艺术有关，而且富有极高的文学性。即使我们不从食品的内容上去看，光听一些食物的名字就可以得到一种美的享受。如"雪里红鸡淖"、"桃花泛"、"群鱼戏绿彩"等等。

民间食宴的整个上菜程序也是门艺术，其食序颇为讲究。就像古典戏曲和诗歌一样，具有起承、转、合的韵律。中国人在食地的选择上极为讲究"情趣"二字，常有"三分食物，七分情趣"之说。有名的大饭馆经常选在风景优美、清幽僻静的场所，大多是风景名胜游览地，像杭州的"山外山"、"天外天"、"楼外楼"等一系列名馆。

三　饮食文化心理

中国烹调的精髓在哪里？就在烹调二字本身。"调"就是调和，是把各种原料放在一起进行调味，使它们各自几乎都失去了自己的本色，而融合为一种新的物质。这种集体的结晶、集体生产的美味，便是调和的美好结果。正所谓"五味调百味香"。中国菜的原料调和品异常丰富，早在周代就有油、盐、梅、酱、酒、蜜、姜、桂、葱、芥、韭等，发展到今天就更加丰富了。这种调和的力量，甚至可以把截然相反的味道调在一起，这不能不说是中国饮食文化的神奇！

我国饮食千变万化，一看登筵别具一味，使食者不能辨其原质之为何物也。

还值得一提的是中国发明的筷子，实际也是这种重调和的饮食文化的结果。筷子的来源由于文献欠缺已经无可查考，但毫无疑问，筷子与调和之事有关。由于调和把各种材料杂糅，因此发明了一项器物从中——挑拣。因为合和才有分离，这是自然的辩证法，如果吃整块的面包和肉食两根筷子显然就多余了。筷子成双，这本身就是均衡对偶的一种绝好象征。

四　主食

永康民食以稻米、小麦、玉米、番薯为主粮，主食常年以米饭、粥、饼为主，辅之以羹、面、糕、粽、馃等。习惯于一日三餐，在农忙季节和供老师时，通常一日四餐。即在中饭和晚饭之间加上一餐点心。

米饭：分大米饭、糯米饭、栗米饭、玉米饭等。其中以大米饭为主。烧制米饭的方法很多。家常烧法有两种：一是大米加水适量放锅里烧煮至熟，俗称"热水焖饭"。此饭韧而香。二是大米加长水，放锅里烧煮至开锅后，把部分半熟的米捞置另一个锅里用慢火焖熟，或盛钵内放在灰膛用炭火煨熟，留次餐用。留在原锅里的半熟米和汤水继续烧煮成粥，俗称"煮粥捞饭"。旧时，农家不裕，为省吃节食，不少农家取此烧法。现时，仅山区尚留此俗，平原地区粮食富足，嫌此烧法费柴，已多取"热水焖饭"。此外，还有蒸饭、炭煨铜罐饭、蒲篓饭。

饭甑饭：先把大米用水浸透，再把米粒一层一层散在饭甑里蒸制而成。这种饭水分少，粒粒灵清，吃起来别有风味。饭甑有大有小。一饭甑一般有二十斤米可烧，主要用于婚丧喜事请客时烧制。农家自酿酒的糯米饭必用饭甑蒸制。

饭甑饭

铜罐饭：是永康民间特有的米饭。这种饭特别香。烧法是使用本地人打制的铜罐，把好大米和水按比例放在铜罐里用炭火慢慢烧煮，一气呵成。

永康打铜、打铁、打锡的工匠出门时一般都烧这种饭吃。因为烧这种饭不误工时，又可利用作场上的炭火烧煮，十分便当。旧时农村小学教师也吃此饭。

铜罐饭喷喷香

2006年夏，市民俗摄影家协会登历山采风，在龙王潭野炊烧铜罐饭聚餐

蒲箩饭：先将米洗净，装进蒲箩内，把蒲箩口扎紧，放入汤内炖至熟。此饭含有青草香。

其他米饭：无论糯米饭、玉米饭还是麦饭，都要或多或少配上青菜、黄芋、猪肉、腌肉、豆腐、番薯、萝卜之类和调味品烧制。旧时歉收年，穷农户采野菜、蓄杂饭，用豆壳杂粮习以为常。

现时，民间为节省燃料，还出现"煨饭"。其做法为：把米和水按比例装在饭盒里，再备一口灰膛，底盛炉灰，做好灰锅，烧一个稻草结，把饭盒放上，饭盒上面再燃一个稻草结，盖以炉灰，则能煮熟。

米粥：分大米粥、糯米粥、绿豆粥、番薯粥等。大米粥、粟米粥和番薯粥在烧制时不放糖、盐，吃时要另备蔬菜。绿豆粥、糯米粥和黄豆粥一般都放白糖或红糖为调料。

饼类：有糕干麦饼、玉米饼、麦饼圤、肉麦饼、单麦饼、番薯饼、蓬蒿饼、芝麻叶饼、"三十六桶"饼、蛋肉饼、花麦饼等。

糕干麦饼，是永康人外出携带作干粮的一种食品。有菱形和三角形两种。用小麦粉加红糖掺水揉成面团，然后用擀面杖把它擀成大饼用刀斜切，放锅里烤，适量加点水，盖上锅盖，蒸烤而成。即使炎热盛夏，此饼几天甚至十几天也不会变质。

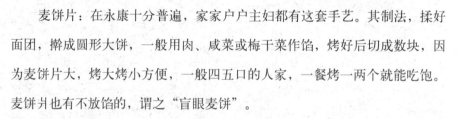

麦饼片：在永康十分普遍，家家户户主妇都有这套手艺。其制法，揉好面团，擀成圆形大饼，一般用肉、咸菜或梅干菜作馅，烤好后切成数块，因为麦饼片大，烤大烤小方便，一般四五口的人家，一餐烤一两个就能吃饱。麦饼圤也有不放馅的，谓之"盲眼麦饼"。

羹类：有山粉羹、番薯羹、米粉羹、麦粉羹、花麦粉羹等。山区农民挖下山中的葛衣根,捣碎后用水淘洗,把沉淀下来的白粉浆晒干,称山粉。山粉用水调匀,加上配料烧制成的羹,叫山粉羹。番薯粉的制作方法与山粉的制法基本相同,只是不用捣而是磨。番薯粉烧成的羹,称番薯羹。因为这两种羹制作方便,几

平家家户户都要贮存一点原料以便备用。山区农民限于粮食，往往有半年的时间或整年吃杂粮。他们喜欢吃一种汤水羹。烧制方法是烧米饭时，用捞篱把米饭全部捞出，剩下米汤，掺进番薯、芋艿、青菜等加温至糊而成。这种羹香甜，营养丰富，既能吃饱，又能解渴。永康及周边缙云、武义山区农家，冬春两季常以此为主食。近年来，农村粮食富足了，吃汤水羹的罕见了。

汤面类：有麦面汤、粉干、花麦口舌、麦面疙瘩、玉米疙瘩、饭汤等。麦面汤是用小麦粉加盐用水拌和成薄皮，切成细丝，掺以青菜或黄豆芽等烧制。烧好后，加上香、辣、酸等配料就可以吃。这种麦面汤味道鲜美，农妇都会制作。

糕类：有年糕、糯米糕、糖炀糕（千层糕）、发糕、板墩糕、番薯糕等。年糕，糯米粉和籼米粉三、七比例浸透，磨成浆，滤干掰成块状，置蒸笼蒸熟，趁热舂成团，制成条状（也有饼状），晾干用水贮藏。要吃时，经烧煮，可甜吃，也可配上料吃。糯米糕，糯米粉用水搅拌成粒状后，分粗细两半，粗下细上，两层在笼格里铺匀，蒸熟后再用红糖均匀地撒在上面即成。糖炀糕的制作方法，籼米浸透后，加丝瓜叶磨成浆，加红曲或红色颜料的浆，调以红糖。开锅后，放好蒸笼铺好垫布，分别调成红、绿、白数种米浆。逐层浇做，熟一层浇一层，最后成多色多层、美观可口的千层糕。

其他主食，还有各色的糯米糕，各式汤圆、馒头等。

五　副食

（1）风味食品

永康民间的副食品种繁多，爆炒类有：炒米、炒米粉（翁）、炒豆、炒玉米、爆豆、爆玉米花等；油炸类有豇豆酥、麻花、馓、番薯片、芝麻片等；糖类有麻酥、米胖糖、粟米糖、花生糖、豆片糖、粉干糖等；冷饮类有水晶糕、宅子豆腐、甜酒酿、绿豆汤、赤豆汤、红枣汤、桂圆汤等；暖食有豆腐圆、豆浆、豆腐脑、山粉羹、番薯羹等。

（2）风味美食

永康肉饼、小麦饼、豆腐圆、杨梅酒、火腿腊肉等。

此外，用永康五指岩生姜和红糖制作的生姜糖和生姜片，是饮茶的好食品。

六　节日食谱

一年四季，传统节日几乎都有其不同的节日食谱。

春节过年——鸡蛋面条、年糕、粽、肉汁豆腐羹等。

元宵——麻酥、粽等。

清明——清明裹（有红、白、青三种）、金团等。

端午——粽、肉饼、糖饼、雄黄酒。

七月半——麻糍、金团、千层糕等。

中秋——月饼。

冬至——金团。

重阳——糕、粽。

除夕——小麦饼、团圆饭。

七　其他

饮水：主饮井水，部分山区饮用泉水，少数饮用矿泉水。21世纪后，全市上下办起了自来水厂，除少数偏远的地区农民饮用泉水外，其余几乎都饮用上了自来水。

喝茶：永康人把白开水叫"白滚汤"，喝白滚汤也叫食茶。旧时民间泡茶叶的人不多招待客人才用。如今，几乎家家户户都备茶叶，喝茶已成日常生活中不可缺少的习俗。

喝 酒

喝酒：永康人叫"食酒"。在农村素有酿酒的习惯。多数农家每年都要用坛、缸酿酒，数量不拘。一般够一年饮用，至少够农忙季节和招待客人之用。米酒吃完后，一般人家还要把酒糟进行处理，将烧过烧酒的酒糟作为猪牛饲料。农历十月，气温适宜，是酿酒的最佳时节，此时酿的酒，能久藏，不变质。

吸烟：永康人叫"食咽"。旧时本地人除富裕人家食水烟、香烟外，一般人都食旱烟。烟叶自种，将烟叶晒干，撒上一点青油自己切成细丝即可食用。如今农村几乎已经灭绝，通常抽香烟了。

制作风味小吃

永康民俗

永康风味小吃

第九节

方岩庙会

方岩庙会是永康各地民众赴方岩朝拜"胡公大帝"而形成的民间活动，因此也称为"方岩胡公庙会"，它具有历史悠久、参与者多、内容丰富、影响面广等特点，在浙江乃至苏沪皖赣闽粤等省市均有深远的影响。方岩庙会已成为荟萃永康民间表演艺术、交流民间武术、展示民间手工技艺，融商贸旅游为一体的民间传统盛会。

一　庙会由来

"胡公"非神非佛，是北宋名臣，姓胡名则(963—1039)，字了正，永康人，端拱二年（989）中进士，尔后浮沉宦海四十余年，历经太宗、真宗、仁宗三朝，直至71岁以兵部侍郎致仕。在任时曾奏免衢婺二州身丁钱，百姓感德，在其逝后，于方岩立像供奉。南宋绍兴末年，朝廷赐额"赫灵"，从此，在方岩为胡则立庙，被敬为"胡公大帝"，百姓顶礼膜拜，"神""人"合一，祭祀活动逐步演变为庙会，而后规模不断扩大，至民国期间，进入鼎盛时期。

方岩庙会不仅成为永康民间最盛大的节日，而且邻近金华、衢州及浙南各地民众也争相参与，形成了以永康为中心，以衢婺为重点，覆盖浙南、浙东及上海、苏州、福建等地的方岩庙会活动区，其规模之大、地域之广，我国江南各地的庙会没有可与之比拟的。20世纪50年代起，方岩庙会活动有所减少，"文化大革命"时期，更是销声匿迹。改革开放以后，庙会活动又重新兴盛起来。

永康民俗

方岩庙会集中在每年农历八月初至九月重阳前后，其中八月十三前后和九月重阳前后是两个高潮。庙会期间，上方岩的人数每天少则数千，多则上万，永康民间有"八月十三（胡公生日）72个胡公（用樟木雕刻的胡公神像案座）上方岩"之说。72个"胡公"，即有72支"迎案"队伍，每支以100人计算，即有七千余人，加上他们的家属和辅助人员，还有观光游客，即超过两万人。

方岩庙会的活动以"迎案"为核心。"迎案"就是上方岩拜胡公的队伍，它由三部分组成：一是胡公神座（俗称"胡公案"，用樟木雕刻，状如扁桃形，由一人肩扛）及其卤薄仪仗；二是罗汉班（俗称"迎罗汉"），每班少则四五十人，多则百余人；三是歌舞队，一般依附于罗汉班之后，也有的歌舞队不入案行列，单独行动。歌舞队的表演形式有"十八狐狸"、"十八蝴蝶"、"十八鲤鱼"、"蚌壳舞"、"九串珠"、"三十六行"、"打莲花"、"长脚鹿"、"哑口背疯"、"走马灯"、"跑旱船"等等。形式繁多，花样百出，各显神通，热闹非凡。因此，方岩庙会其实是永康民间文艺的大展演。

方岩庙会之所以长盛不衰，因其有鲜明的地域特性。永康人多地少，土地贫瘠，百姓生活困苦，因此明清以来每年都有数万五金工匠外出谋生，走南闯北，历尽艰辛，艰苦的环境造就了吃苦耐劳、刚强坚毅的优良品质。永康为官者爱憎分明，廉洁清正，因此竭诚朝拜"胡公"；永康工匠外出谋生，单枪匹马，险恶相依，因此也朝拜"胡公"，祈求保佑、消灾纳福、平安吉祥。另外，每年方岩庙会期间正是农忙季节，趁此秋高气爽之时，自娱自乐，放飞心情，感受舒畅，抒发对未来生活的自信和向往，正符合百姓的精神需求。因此，方岩庙会有其深厚的土壤，深深扎根于百姓的心中。

二　庙会活动

方岩庙会的活动内容，主要分三个阶段。

第一，准备阶段。

从夏收秋种结束的农历七月开始，由各村的祠堂家长组织人马进行筹备（新中国成立后大多由村干部或村里有影响的人物进行拢头）。其筹备内容一是筹集资金。新中国成立后主要靠上门筹备，由于此乃善事，乐助钱物又张榜公布，一般筹集较为顺利。二是组织训练。拢头者一面发动村民参加罗汉班和歌舞队，喝"龙头酒"；一面聘请拳师（俗称拳马师）教练拳术、刀棍术，排练罗汉班阵式，一般在晚上训练。三是筹备道具。如头旗、锣鼓、刀棍、盾牌等，大都沿用原来的道具，适当进行修理或增添。服装一般由参加者自备或自费统一制作（或集体适当补助）。

第二，起祭阶段。

各村的罗汉班和歌舞队在上方岩朝拜"胡公"前，先要在当地举行"祭叉"仪式。时间各地不一，一般在农历八月初至九月初。有胡公殿的村自行开祭，有联保的村庄由轮到供奉"胡公"的村负责主祭，其余村的罗汉队参加"祭叉"仪式。以古山镇后塘弄村1947年胡公殿祭叉仪式为例。

农历八月初一，开本村胡公殿门，把三牲祭品供奉在胡公殿前。初一夜至初三夜请戏班上演"胡公戏"。初一夜戏开场前，化装好的演员敲锣打鼓请出"胡公"神案，置于戏台前，名为"请胡公看戏"。初二夜演"胡公戏"，剧目为传统徽戏《火烧子都》等。初三夜演"还愿戏"，凡向"胡公"许过愿的都要在戏开锣前把牲祭品供在戏台上，表示"还愿"。

八月初二上午在胡公殿前举行"祭叉"仪式。后塘弄罗汉队班主祭，邻近共"都图"（旧时的乡村行政区划）各村的罗汉班助祭。礼成后，各班罗汉队和歌舞队在村内明堂、晒场或空地上表演。实际上，这是正式朝拜胡公（称为"迎案"）前的一次总演习。

八月十一，后塘弄村的罗汉班、歌舞队及邻近村庄的罗汉班歌舞队去邻近各村巡游，俗称"游案"。这其实是上方岩朝拜胡公的预演，也是让各村民众共同欣赏表演，借以对支持庙会活动表示感谢。

第三，朝拜阶段。

就是去方岩山朝拜"胡公大帝"，亦称"迎案"。这是各村娱神活动的高潮，仪式十分隆重。

方岩山顶地方狭小，上岩道路狭窄，各地上岩的罗汉班众多，人流拥挤，易生事故。于是各地"迎案"队伍约定上岩日期，避开人流高峰，故庙会延长日期，从八月初至九月重阳前后，历时一月余。各地罗汉队上岩参拜时间经历年磨合，约定俗成，逐渐固定下来。

凡参加"迎案"的罗汉班和歌舞队人员头天晚上必须沐浴更衣，夫妻不得行房。凌晨雄鸡头啼即起来化妆，带上道具和点心（以粽子、小麦饼、糕干麦饼为主），然后整队出发。在胡公仪仗和胡公神座的引导下，沿着方岩南麓山路登上方岩天门直至胡公殿前。

本村或联保迎案队伍到齐后，先将胡公神座置于殿前，全体人员参拜胡公，其时鼓乐齐鸣，铁铳、鞭炮齐响，接着罗汉班从前到后顺向跳三圈，逆向跳三圈，称为"跳罗汉"。与此同时，"降神童"跳上胡公殿前的大香炉，名为"换香火"。换来新香火后，迎案队伍即走下方岩（称落岩），沿原路返回，叫"打回头案"，在沿途村庄巡游表演。最后回村将胡公神座归置原殿，一年一度的朝拜"胡公"活动才告结束。该村也称新归案村。归案时，还要举行隆重的交接仪式。神座及仪仗物品，要按账簿一一点清，就连神座胡公头冠的小绒花也不可少一朵。当地要摆三牲、燃香烛、放鞭炮隆重祭祀。新供奉村此时还要请剧团做戏，视其为村中的盛大节日，村民要邀请亲朋前来看戏，热闹非凡。

各村祭拜"胡公"，一般都要进行开殿门—祭叉—游案—朝拜（迎案）—换香火—归殿门—祭叉（归案）等过程，时间为五六天，在城八保为九月初三至初八共6天。

各村的祭祖活动会聚成一年一度盛大隆重的方岩庙会。20世纪80年代以来，重新兴盛起来的方岩庙会缩减内容，缩短时间，免除有迷信色彩的开殿门、祭叉、换香火、归殿门等程序。如1989年方岩镇独松村的胡公庙会就只保留两项活动，农历八月初九在全镇主要村庄"游案"，八月初十"迎案"上方岩朝拜"胡公"。这样，缩短了时间，简化了程序，节省了经费，减少了精力，突出了主题，受到各村群众的普遍欢迎，已成为现在方岩庙会的基本模式。

三 迎案队伍

方岩庙会的主要表现形式是"迎案"，"迎案"队伍由胡公神座及其卤薄仪仗、罗汉班和歌舞队组成。

（一）胡公神座及仪仗

胡公神座由樟木雕琢而成，高约1米、宽约60厘米，呈鸡心型。正中为"胡公大帝"雕像，朱漆边缘饰有许多红色小绒花，神座上方披着一块大红披风，显得庄严肃穆。神座下连支撑用的四脚鞍马，既可放置在案桌上，又可供背负者顶头落肩。背迎胡公神座者，须是"胡公会"的理事，身穿长纱，头扎红布，视为吉利。

胡公仪仗（据后塘弄村记载）：迎鹅毛旗者四人，令字旗一人，香案二人、鸣锣四人、执事牌四人、花竹四人、桃香十人、开道刀叉二人、万岁牌一人、掌扇一人、黄阳伞一人、降神童一人。

胡公神座及仪仗

赶庙会　　　　　　　　　　　南岩

（二）罗汉班

罗汉班是迎案活动的核心。罗汉班的组成有较为严格的约定，每班少则四五十人，多则百余人。除队前开道的铁铳手、锣鼓钹手外，其余人员为空手跟随。

罗汉班人员的服装：上身为古代兵勇套挂或白色中衫，下身着大红的灯笼裤，腰缠红带，脚穿草鞋或布鞋，显得英武勇健。

首届方岩文化庙会（1991.9）

大　旗

抬　阁

迎　案

登方岩山

打罗汉比武会场

表演队的少女们　　　　　　　　　　　　　老外看庙会

罗汉班表演的程式如下。

永康民俗

1. 参阵。通过交错穿插、搭"龙门"、"破龙门"、跳里外圈等形式，不断变化队形，布成圆阵、方阵、龙门阵、八卦阵等阵势，变化莫测，令人眼花缭乱。

参　阵

2. 演武。由罗汉班队员在观众围成的圈中央空地上表演大刀单武和双武、双刀对杀、剑盾攻防，以及舞棍、拆棍（对打）、打拳、拆拳等十八般武艺。

比　武

比　武

3. 杂技。包括后空翻、钻圈、竖牌坊（叠罗汉）等。整个罗汉班表演一般在叠罗汉中结束。

庙会期间，上方岩的罗汉班众多，经常会遇到在某地同时演武，这就形成了互相竞赛，俗称"拼会场"。这时各个罗汉班表演认真、卖力，观众纷纷喝彩，罗汉班表演也就更为热烈、精彩。

杂　技

叠罗汉

永康民俗

杂技表演

伞子舞

（三）歌舞队

歌舞队一般都依附在罗汉班之后，行止服从罗汉班指挥。较大型的歌舞队也可以不随罗汉班而单独行动、单独表演。

各村歌舞队的表演形式名目繁多，有的是本村传统的节目，有的是向别村学习的节目，内容和形式互相借鉴，经常翻新，因而促进了庙会的歌舞表演不断创新，不断丰富。据不完全统计，其表演形式有30余种。

领 队

西溪镇寨口村文艺表演队异彩纷呈

大面姑娘

扇子舞

道 琴

历年较常见的节目如下。

1. 《讨饭莲花》

讨饭莲花 2012 年全部由男演员扮演，身穿破烂衣服，装扮成乞丐，手拿竹板，边打边唱。走在队伍前面的"讨饭头"，头戴红缨帽，身穿黑色箭袍，左手拿着长烟筒，右手拿着黑折扇，面部化妆如戏曲中的丑角。跟随其后为"讨饭帮"，人数成双，多少不拘，头戴稻草箍，腰系稻草裙，手握讨饭棒。队尾即有一对"讨饭公"、"讨饭婆"，专事插科打诨，开一些粗鲁的玩笑，与观众调笑逗乐。"讨饭莲花"可边走边唱，唱词由"讨饭头"即兴编成，俗称"游口歌"。如："众位朋友同年哥，勿要讲我游口歌，我的本事真不少，会唱山歌九糟箩，昨夜忘了盖罗盖，被老鼠背得差不多。""讨饭头"领唱一句，

永康民俗

讨饭莲花表演队

"讨饭帮"跟帮一句腔，曲调粗犷单调，但内容生动风趣，引得观众欢声一片。

2.《敕字莲花》（也称《十字莲花》）

"敕字莲花"以往由年轻女性组成，白衣黑裤白球鞋，面部化淡妆，戴墨镜，穿着端正整齐，队员一手拎瓷茶壶，一手持竹板或白瓷小碟（用细竹棒敲击瓷碟作乐器），成两纵队，边走边唱。领头的三对各背大刀或宝剑，第四对各背"山东济南府历城县正堂"令牌一块，第五对二人分别背一面枷、一副铐，第六对各背褡裢（包袱）一个，上插竹棒，棒头挑灯笼一盏，上书"山东济南府正堂"。从第七对开始为一般的演唱队员，人数可多可少但必须成双。传说"敕字莲花"源于古代山东济南府捕快，奉皇上敕令，到南方捉拿逃犯，因盘缠用尽，只得边卖唱边缉捕，渐成此演唱形式。

《敕字莲花》有固定的曲子和唱调（也有的唱词是由村里的文化人事先编就），从"一"唱到"十"和从"十"唱到"一"，内容为诉说人情世态，如：

唱到十字到十字；倒转十字听分明。

十字头上加一撇，千里迢迢来相逢。

九字肚里加一点，长寿丹丸万万年。

八字肚下一把刀，兄弟手足莫分家。

七字头上加白字，肥皂洗衣干干净。

六字脚下一把叉，交男交女莫交财。

五字脚下加个口，吾王坐位万万年。

四字脚下加个贝，街头买卖要公平。

三字肚里加一直，王莽篡位十八年。

二字肚里人出头，夫妻偕老过百年。

一字中间加了字，全家子孙大团圆。

十字莲花

3.《三十六行》

一般由 36 人组成，均由男性扮演。领头的是两个敲大锣的丑角，一个扮癞头，一个扮烂脚，鼻涂白粉，衣衫不整，腰系稻草绳，边打锣边做各种逗笑的怪相。其他人分别化装成士农工商、三教九流、五色工匠等不同职业者。他们手拿各行各业的典型工具，摆出各自的架势，借以说明"三十六行，行行出状元"的道理。其中最引人注目的是"洗大囡"的一组人物，接生婆手端"马桶"（接生用的浴盆）在前，临产孕妇及其丈夫在后，故作"阵痛"姿态，往往逗得观众捧腹大笑。

"三十六行"表演队

4.《十八蝴蝶》

由20位少女扮演，2人扮"花神"，18人扮"蝴蝶"（如今演出中为增加气氛，花神增至4人）。"蝴蝶"道具用竹篾扎成骨架，覆以纱布或丝绸，上绘各种花纹图案。蝴蝶演员身穿紧身衣裤，胸前系彩色横纹兜肚，"蝴蝶"道具固定在肩背上，让翅膀自由扇动。"花神"为婺剧花旦打扮，上穿红色对襟水袖衫，下着百褶长裙，手曳披肩长飘带。

永康80年代表演"十八蝴蝶"
人称"蝴蝶仙子"的徐英及同伴

蝴蝶采蜜

"十八蝴蝶"表演时以花神为中心，边变化队形，边表演大飞（蝴蝶最大幅度张合，碎步前进）、高低飞（蝴蝶半张，身体时屈时伸，碎步向前）及翻身、交叉等动作。音乐采用现成的民间小调，如《孟姜女》、《姑娘相思》等，乐队多由四人组成（两人拉二胡，一人敲钹，一人打鼓），演员只舞不唱。20世纪80年代以来，"十八蝴蝶"经过多次整理加工，舞美精益求精，并配有专门的词曲，更为典雅清晰。

方岩庙会"十八蝴蝶"

　　5．《十八狐狸》

　　"十八狐狸"又叫"大面姑娘"（头戴面具），是方岩庙会中不可缺少、最受欢迎的娱乐节目之一，其历史最为悠久。据方岩广慈寺住持和尚介绍，传说"十八狐狸"肇始于方岩建庙（唐大中年间）初期，十八只狐狸系被佛祖降伏在方岩山上的妖怪。另有一种传说，唐末有个大官共有18个孙子，后因获罪而门庭败落，17个孙子相继夭亡，最小的孙子就在家开设妓院，自任鸨公，迫使17个嫂嫂和自己的妻子一起卖唱。

　　《十八狐狸》由20名男性扮演。嫖客，戴瓜皮帽面具，穿长衫马褂，手挂烟筒在前，老鸨，带羊角髻面具，中间是18个戴姑娘面具、穿蓝色滚边大襟衣和黑色百褶裙、左手拽纺绸帕、右手拿着折扇的"狐狸"（妓女）。

　　表演时，狐狸和老鸨走绞花步，腰步左右扭动，两手大幅度甩摆；嫖客走三角步，时而挥舞长烟筒，时而以烟筒拄地。在《望乡台》的打击乐伴奏下，

"十八狐狸"

逐渐形成八卦阵势，只演不唱。嫖客游弋于狐狸中间，丑态百出地进行挑逗调情，狐狸有的斥责反抗，有的卖弄风骚，老鸨则前蹿后颠，对嫖客巴结奉承，对狐狸软哄硬压。

新中国成立后，表演时取消了老鸨和嫖客，"狐狸"也不再是妓女身份。《十八狐狸》成为类似于"大头娃娃"的舞蹈，乐队的乐器发展为唢呐、竹笛、板胡等多种。

6.《十八鲤鱼》

由18名女青年扮演的大道具舞蹈。演员身背可以自由开合（用双手控制）的红色鲤鱼壳。鲤鱼壳的骨架用竹篾扎制，糊上彩色纸或纱绸，绘上鱼身。合拢时演员身体除腿脚外均藏于"鱼腹"中。表演时用打击乐（大小锣、大

"十八鲤鱼"

永康民俗

小钹、小鼓等）伴奏，每个拍鱼壳都要开合一次，合拢时两腿下蹲，张开时站起前进，穿插各种队形变化。

7．《十八贝壳》

是由18名女青年扮演的大型舞蹈，类似"十八鲤鱼"。"蚌壳"的骨架用竹篾扎制，糊上彩色纸或纱绸，绘成蚌壳的形状。表演动作和音乐也与"十八鲤鱼"大同小异。

"十八贝壳"

8．《九曲珠》

由10名女青年参演，一律穿白色衣裤，胸前围以大红或粉红兜肚。其中四人扮"鲤鱼精"，身背鲤鱼造型道具（竹篾骨架、糊纸或薄绸，绘以鱼鳞），四人扮"蚌壳精"，身背大蚌壳造型道具（制作同鲤鱼道具），一人扮车夫，车子（竹骨架，纸布裱糊，绘上车轮）里边有一个"鲤鱼精"。据说，此舞蹈从昆曲《九曲珠》衍变而来；唐僧取经过通天河时被鲤鱼精捉拿，孙悟空求助观音大士，降伏鲤鱼精，收回"九曲珠"（五鱼四蚌）。

"九曲珠"

表演时，在乐队伴奏下圆场参阵，表演蚌壳啃泥、鲤鱼打挺、鱼蚌对戏等动作，乐曲套用民间流行小调。

9. 《长脚鹿》（高跷）

由 10 余位男女演员组成表演队，脚绑高跷，扮成杨家将中的人物，杨五郎打头阵，元帅杨六郎手握令旗随后，接着是佘太君、杨四郎、杨七郎、杨宗保、穆桂英、杨八姐、杨九妹等。表演形式，一是"串阵"、圆场；二是孟良、焦赞和兵头演武；三是杨五郎做踢腿、劈叉等高跷动作，伴奏用锣鼓钹等打击乐器。此节目是为纪念杨家将精忠报国的精神。相传北宋年间，杨家将遭奸臣陷害，被围西北边关，时值隆冬，大雪没膝，杨五郎以木棒制成高跷，冲出重围，搬来援兵，终于赢得伐辽胜利。

永康民俗

"长脚鹿"方阵

10.《走马灯》

由女青年表演，人数不拘，一般10人左右。用竹篾、花纸扎制彩马，缚于表演者前后，边走边舞。

走马灯

11.《哑口背疯》（雪里梅）

由女青年扮演，人数不拘，一般10人左右。青年女子扮演"风瘫女"，胸前系哑巴老汉的假人上半身，下半身着青黑色裤和草鞋布袜，腰间系女子的假脚，乍看酷似一个哑巴老头背着瘫痪少女。伴奏为丝竹乐器吹奏民间流行小调。

雪里梅

12. 《九狮图》（拉纤"狮子"）

"九狮图"为永康民间独特的表演形式，由一个高约 2 米、阔 1.5 米的狮笼和 9 只大小不等的"狮子"以及 38 条 20 余米的纤绳组成。由 11 名拉纤人在"狮笼"后操纵"狮子"。在激烈的锣鼓声中，"狮王"首先冲出，上下扑腾，左右跳跃，再先后带引出狮笼中的四只"小狮"和笼顶的两只"守门狮"，群舞嬉戏。最精彩的是狮笼前方长杆上的彩球突然打开，窜出两只"幼狮"，慢慢地爬近"狮王"，左右相拥，亲昵抚爱。九狮狂欢，妙趣横生，气氛热闹，激动人心。乐队奏以锣鼓为主的打击乐器。

各地上方岩的拉纤舞狮表演都比较简单，大都是单狮，三狮或五狮已较罕见，"九狮图"为最高档次。

永康民俗

九狮娘——施梅珑

13.《调花钹》

由一人或数人表演,原为方岩山和尚出外化缘时的一种表演形式。其道具为一副铜钹。表演者手拿两只铜钹,或互扔,或上抛,或一只铜钹放在另一只铜钹上旋转,花样百出,让人眼花缭乱。近似于杂技表演。

14.其他

另外,还有《荷花芯》(由男女青年肩背4~6岁孩童装扮成杨家将或水浒传中人物,一路巡游),《跑旱船》(与《走马灯》相似,道具为船,"船"中少女背"船"边走边舞,扮成老头的"艄公",手拿船桨,跟随其后),彩车(与《跑旱船》相似,用竹篾扎成方形

程中信"调花钹"

"彩车",一少女立于"车"中,背着彩车,边走边舞,后面跟随扮演推车的车夫),

以及《台阁》、《舞狮》等等。

各类台阁

第十节

乡土节庆文化

近几年来，永康市坚持"社会办文化、农民唱主角"的原则，结合"一村一品"或"一乡一品"的特色，坚持打造农村文化品牌，广泛引导各镇街道、街区开展了丰富多彩的活动。方岩庙会、华釜山休闲文化旅游节、唐先葡萄文化节、上考红糖节、舟山中国方山柿节、象珠镇农民文化艺术节、后吴民俗文化节、江南街道杨梅节、西溪镇柏岩蜜梨节、城西新区荸荠节、永祥竹笋节等农村大小节庆活动30多个，农村文化节庆活动品牌闪耀丽州，农村经济发展的持久力进一步增强，农民精神文化生活进一步丰富，农村文化品位进一步发展和提高。同时，文化活动促进了农产品销售，为农村带来了实实在在的经济效益。

欢乐后吴

2010年九九重阳节前夕，第十届后吴民间文化节暨首届全市龙舞邀请赛在雨中开幕了。后吴村举办首届民俗文化节是在2001年，笔者为后吴村策划了一场全国性的古建筑风情摄影艺术大赛，得到了时任市委书记楼国华、市长楼朝阳批示及市委宣传部的支持。以中国民俗摄影协会、浙江省摄影家协会和市委宣传部为主办方，以永康市民俗摄影家协会、市文管办和后吴村两委为承办方，大赛汇集了全国各地一千四百余名摄影家和摄影爱好者。浙江永康后吴古建筑风情全国摄影大赛暨首届民俗文化节在后吴小学操场内外举行，足足有五万人参加了开幕式。同年10月，又举行了隆重的摄影大赛颁奖典礼和获奖作品展览。后吴村因此出了名，并成为国家级历史文化名村。正是永康市民俗摄影家协会和中国民俗摄影协会为后吴村打响了历史性第一炮。

2010年民俗文化节在后吴小学操场上举行，摄影家和摄影爱好者纷纷举起"长枪短炮"，瞄准了民俗文化的"佳肴"。虽老天爷不作美，滂沱的大

2001 年后吴古建筑风情全国摄影大赛暨首届民俗文化节开幕式和获奖作品展览

雨却浇不灭演出者和观众的热情，一把把雨伞撑出了一道亮丽的风景线。

在吴氏宗祠里，打鼓的朱国良老人带着孙女一起合作表演蚌壳舞。孙女穿上龟头、龟壳道具服装一出场，就引来笑声不断。那呆头呆脑的"乌龟"，随着鼓乐节奏在雨中笨拙地游动着，如此活灵活现地瞧着表演队伍四周的观众笑意盈盈，朱国良更是乐开怀，笑得合不拢嘴："演的人高兴，看的人也高兴。"

通过举办民俗文化节，后吴村传统的民俗文化活动得到了比较完整的挖掘和恢复。在艺术节上，后吴村展示出了精彩的腰鼓、十八蚌壳、十八罗汉、长旗、吴淞旗等节目，村民参与，村民享受，村民快乐，办的就是群众喜闻乐见的艺术节。

文化节上，由市文新局主办的首届全市龙舞邀请赛，聚集了山川布龙、丁坑村布龙、雅仁布龙、百叶布龙等十余支舞龙队。西溪镇丁坑村布龙以其风格独特、灵活矫健、阵形多变夺冠。在队长吕振强的带领下，18 米长龙在热闹而奔放的锣鼓声中盘、滚、翻、跳、戏。只见龙在飞腾，人在翻舞，龙身迎风，呼呼有声，煞似蛟龙到海，令人屏息凝神，目不暇接，确有一种翻江倒海的磅礴气势。最后经评审，丁坑布龙等四家的布龙获金奖，五家布龙获银奖。

全体舞龙队的踩街活动把民俗文化节推向了高潮。伴随着热闹的锣鼓声和鞭炮声，围观的群众簇拥着十余条长龙。此时，表演的人和看表演的人交织在一起。

参赛舞龙队纷纷献艺，争夺最好的成绩和名次

历史文化名村看民俗

祭天地、打罗汉、踩高跷、望恭喜，好戏连台。

十八蝴蝶，翩然飞起来；十八罗汉，摆阵开打；长旗猎猎，高跷摇摆……嗬！还有来自磐安的国家级民间艺术保护项目——威风的"迎龙虎大旗"。

后吴民俗文化节从2001年开始已经办了十届，一届比一届办得好。

腰鼓队

方　阵

台上台下

布龙表演队都是清一色的娘子军

布龙在宗祠前飞舞

第十节　乡土节庆文化

祭祖仪式很庄重

　　后吴是建设部和国家文物局命名的"中国历史文化名村"。在第九届民俗文化节上，后吴村首先将传统的祭祖仪式作为民俗文化艺术节上的重头戏隆重推出，来自四面八方的市民观看了这一民俗文化表演。在十多位吴姓长辈和村干部带领下，村民们神情恭敬地举行祭天、祭祖仪式，随后是排八仙、天官赐福等表演。据了解，后吴村的祭祖仪式，在永康市范围内是保存得比较完整的，村里打算今后将此作为旅游开发的常设项目。

村领导在主祭

村民在祭祖

永康民俗

主持人

猪羊祭

排八仙

"望恭喜"过程很有趣

后吴文化艺术节上最吸引人的要数 2009 年 10 月 10 日上午推出的"望恭喜"表演了。"望恭喜"是永康市民间传统娶媳妇闹洞房形式，俗称"讨果子"，是一种为大众喜爱的独特婚嫁文化，以七言四句永康方言为主，内容丰富多彩。可以对新娘、新郎以及新房丰盛的婚装随创随编、随口随唱"果子书"，既喜闻乐见又有文化内涵，充满乡土情趣的韵味，显得又文雅又热闹，俗称"文闹"。该形式自明清时期一直流传下来，"文化大革命"期间曾一度淹没，在近二三十年已不多见了。后吴村以前就有一批这样的民间歌手，这次文化节上推出"望恭喜"活动，由 5 名少女配合，10 位 60～80 岁的老歌手重现了这古老婚俗的全过程。四邻八乡前来观看，纷纷叫好。

小时候看到过"望恭喜"全过程的村民吴贵作说，"望恭喜"这样的民俗能引起文化节的重现，他觉得非常有意义："我们觉得这样闹新房，既文明又文雅，像我们年轻的时候都会这些，现在多年没有搞了，25 岁以下的基本不知道了。这个既娱乐又有文化内涵的东西应该传下去，让年轻人都知道，让更多人会唱。"

10 月 10 日下午，文化节最后一个表演项目是唱鼓词，鼓词是永康市民

"望恭喜"

永康民俗

"望恭喜"

间常见的文化活动，比演戏还普及。一人一鼓就可以开唱，以前街头巷尾、山间小村常可以听到鼓词先生那清脆的鼓板声和抑扬顿挫的唱词。现代文化生活形式把唱鼓词的生存空间挤得小而又小，濒临灭绝，是文化节让这一传统形式焕发新的光彩。

"蝶变"花头台

陈有福是我多年的挚友，一直从事文化艺术行当。他博览群书，多才多艺，为人真诚，勇挑重担，担任永康市文广新局文艺科科长，后来又多了个头衔——市婺剧促进会副秘书长。我对他说："如今你是肩挑重担，大有用武之地。"他则说："局领导给了我一个很好的平台，只要工作需要，我一定会尽心尽职去做。"不是吗，这"蝶变"花台头就是翁卫航局长、陈美红副局长和陈有福科长花了一番心血的结晶。

2007年12月，永康市举办首届婺剧音乐（花头台）比赛，浙江婺剧团首席指挥姜泉清担任评委时曾说，"八婺大地，民乐水平，以永康最高。"专家所言，绝非虚言。永康市民乐人才辈出，他们就像天上的星星闪耀于丽州上空。著名的作曲家楼敦权，来自永康，他的代表作《西施泪》、《画龙点睛》等名震婺剧界；永康市的原越剧团也聚集了一大批民乐专业人才，包括弹琵琶的朱振录、吹笛子的胡志昌、敲扬琴的柄森等等；近几年来，供职于浙江婺剧团的杜香君、王广明、姚恒兴、叶俐娜来自永康；同样在民营剧团大显身手的翁长春、钱新科、应红旗，名气一点也不比专业剧团小；还有为永康市培养了大批科班二胡人才的王化尧，他的学生遍布各大音乐名校。他们都为永康的民乐事业作出了重要的贡献！

2007年11月，永康市首次以婺剧促进会民乐队的身份组队参加全省婺剧音乐（花头台）比赛，便取得了银奖的不俗成绩。但实事求是说，那一次

比赛并不能真正代表永康市民乐水平，因为组队时间仓促，合练时间紧迫。

自从4年前永康市举办"天行杯"首届婺剧音乐（花头台）比赛以来，蕴藏在民间的巨大的文化热情被悄悄点燃，婺剧民乐队和队员翻倍增长。2010年11月，永康市举办第二届婺剧音乐（花头台）比赛，16支队伍齐聚上考，再次将永康的婺剧音乐——《花头台》提升了一个新台阶。全天观看比赛的金华市文联副主席、金华市婺剧促进会秘书长、原浙江省婺剧团书记王亦平高兴地说："永康的花头台音乐比赛，档次越来越高，水平越来越强。可以这么说，演奏的整体水平在金华地区是领先的。"

永康民俗

让婺剧音乐《花头台》走出永康、走出浙江，整合人才资源，打造文艺精品，成了永康市文化界和婺剧界的共识。2011年5月，在永康市文化广电新闻出版局和永康市婺剧促进会的高度重视下，在全市范围内重新选拔25名优秀乐手组建了永康市婺剧促进会民乐队，集中在文化馆统一进行排练，努力打造一张永康新文化名片。

2011年7月31日，璀璨民乐响彻香港屯门大会堂演奏厅。这是一场民乐艺术的盛会，来自全国包括香港的17支民乐队参加了展演比赛。永康市婺剧促进会民乐队表演的《花头台》以精湛的演奏技艺和富有地方特色的音乐魅力，折服了现场1000多名观众和众多评委，一举夺得2011香港·中国民族乐队展演邀请赛一等奖。这是永康市民乐队在国家级赛事中取得的最高荣誉。这一场非同寻常的文化盛事，既展示了我国传统文化独特的艺术魅力，又达到了文化交流的目的，更为推进永康市民乐艺术水平提供了一个

陈有福在阅览

新的空间。

担任评委的著名音乐人顾冠仁先生在评语上写道："《花头台》乐曲有特色，演奏风格很强。"大赛的执委会主席、国际中国音乐家联合会主席郑济民深有感触地说："这次大赛，来自永康的民乐队让我听到了最好的《京调》和最富有地方特色的戏曲音乐《花头台》。"尤其是富有个性的婺剧音乐《花头台》，让香港观众感到无比震撼和美妙，如痴如醉，掌声不绝。比赛结束后，永康市婺剧促进会民乐队就受到了第七届"长三角"地区民族乐团展演活动组委会委员，也是担任此次评委的中国音协二胡学会副会长王永德的邀请，希望参加他们举办的活动。他说，以民乐队演出水准和民乐风格，一定会为展演活动增光添彩！

"长三角"地区民族乐团展演活动，从 2004 年起至今已举办了七届，展演地域由"长三角"地区的两省一市拓展到华东其他省市和东南亚的马来西亚、日本、新加坡等国及中国港、台地区。2011 年，共有 76 支乐团超过2500 人参加展演。

果不其然，在 12 月 17～18 日江苏吴江举行的 2011 第七届"长三角"地区民族乐团展演邀请赛中，永康市婺剧促进会民乐队再次以一曲富有地方特色的婺剧音乐《花头台》，技惊四座，获得专家评委和观众的一致好评，

《花头台》表演现场

经组委会评审，获得"保护传统音乐文化重大贡献奖"。有意思的是，第二场比赛永康市民乐队原本安排在中间上场，也许是江南丝竹显得过于"文气"，组委会临时决定将永康市参赛的《花头台》放在当场最后一个节目进行压台。当热烈雄壮的鼓乐响彻音乐大厅时，观众掌声如潮！担任此次评委的中国音乐家协会顾问、原副主席、二胡演奏家闵惠芬女士动情地说："浙江永康的《花头台》让我再次领略了民族音乐独特的神韵，你们的《花头台》完全可以走出国门、走向世界。"

是的，我们有理由坚信，"蝶变"的《花头台》，可以走得更远，让世界倾听！

唐先镇谏庄第二届油菜花文化艺术节

2010年4月10日早上7点，我们乘坐市供销社副主任汪渭车前往谏庄参加第二届油菜花节。狭窄的山凹小村庄里，小溪流穿村而过，两边的山寨树林茂盛，村口的油菜花开得正热闹。一支支舞龙队驶向村口油菜花地，来自永康、金华等地的摄影爱好者纷纷扛着"长枪短炮"涌向这里。山上田野里、农家房顶上，站满了来自各地的摄影者。整个山村，披红戴绿，像过节一样热闹，足足有几千人汇集在这里。上午9：30艺术节开幕，表演了丰富多彩的民间文艺节目。山上山下一片片树林、竹林、油菜花地，就连弯弯山道都成了城里游客和摄影者向往的景点。中午时间到了，我们一行在胡分恬老同志的关照下，进入"农家乐"就餐，品尝了山村的田野风味。下午我们一行又去后湖坑观赏山野风光。

谏庄还在新开辟的操场做了三天三夜的大戏。其中有一个节目尤为引人注目。在企业界拼搏一生的胡分恬老先生亲自导演、编制、策划了一出反映20世纪60年代初村党支部书记积极响应党中央毛主席"农业学大寨"号召，带领广大村民修建石湖坑水库的场景剧，演员们演得惟妙惟肖，博得台下观众阵阵掌声。

文化节会场

台上台下

再现当年修水利情景

永康民俗

金龙在油菜花盛开地飞舞

唐先镇第四届葡萄节暨九狮文化旅游节

2010 年 8 月 12 日，唐先镇第四届葡萄节暨九狮文化旅游节在石桥头村广场开幕，开幕式上举行了葡萄项目和吃葡萄比赛，一等奖获得者一分钟内吃下了 111 粒葡萄。开幕式上还表演了：九狮图、民乐合奏、健身球、腰鼓、越剧清唱、莲花舞、鲤鱼戏龟等文艺节目。永康籍青年歌手春天向开幕式献唱。

当天晚上，九狮婆剧团演出了婺剧《九狮闹花台》和《穆桂英献宝》等节目，他们的精彩演出，深受观众及来自义乌、东阳等地观众的喜爱。

唐先镇上考红糖节

赏糖勾，观演出，看焰火，上考"草根红糖节"好戏连台。

"上考红糖名气大，我们也过来凑热闹。"2010年11月26日，来自东阳的何先生得知上考村举办第六届红糖文化旅游节的消息后，带着妻儿赶了过来。

当日一早，扭秧歌、迎布龙、打腰鼓，来自各地的队员们表演了丰富多彩的民间艺术节目，共同迎接这个美好的日子。与往年不同的是2010年由市文新局主办的第二届花抬头婺剧音乐比赛也在村里举行，15支代表队浓妆艳抹闪亮登场，为上考村又增添了不少的欢乐和喜庆。

26日上午，村里的榨糖厂就围满了从各地赶来打糖勾的市民。该村村民

主任徐国梁说：榨糖厂自11月20日开榨以来，每天都有上千人前来打糖勾，红糖都脱销了。现场做糖的师傅说：这几天来上考打糖勾、品糖子、买红糖、看表演的客人特别多，比过年还热闹呢。

通过前五届红糖节的成功举办，村民从中尝到了甜头。上考村村支书徐贤光说：如今每亩红糖梗地的收入由过去的三千多元增至一万多元，全村种植糖梗面积从2005年的50

亩提高到 200 多亩，可获收益约 270 万元，人均产糖收入 1800 多元。

本届红糖节期间，上考村还举办了"三农经济发展论坛"，第三届分款王 PK 赛、焰火晚会、黄梅戏演出、土特产展销等活动。

红糖加工过程

红糖文化旅游节

江南街道永祥杨梅、竹笋节

"希望田野，美丽乡村"系列活动暨第四届江南街道永祥竹笋节开幕。2011年6月2日，写意永祥，竹笋飘香。

在永康城区西南约5公里处，于绵延青山之间，静卧着风光秀丽、古朴淳厚的山野乡村——永祥，这里气候湿润，土地肥沃。在这片被喻为"浙中世外桃源"的土地上孕育出的竹笋，因肉白、味鲜、口感好而享誉四方，笋罐头还远销日本等国家。永祥杨梅从单一生产到规模化生产，如今永祥杨梅有3000多亩，年产杨梅500余吨，畅销省内外，成为农民致富拳头产品。

永祥竹笋种植是全市总产量的70%，江南街道本着"以节富民、以节拓市、以节会友"的目标，依托产业优势，打造精品农业、效益农业，做大永祥生活休闲农业观光带的品牌，促进该产业健康、快速、科学地发展。

千竿翠竹点点红

永祥竹笋飘香

前仓镇枫林村与《水漫金山》、《老鼠招亲》

前仓镇枫林村民间舞蹈《水漫金山》取材于神话剧《白蛇传》，诉说了一个为追求美好爱情，坚决同恶势力抗争，冲破重重阻碍，最终战胜邪恶、获得真挚爱情的故事。故事歌颂了人们英雄善良的品质，寄托了人们美好的愿望。枫林村民间舞蹈《水漫金山》创始于清朝末年，是当时方岩庙会祭拜胡公的形式之一，后来又加上"十八蝴蝶"、"哑口背疯"、"十八狐狸"、"打莲花"、"三十六行"等，形成了枫林罗汉队的传统演出节目。枫林村民俗文化节先后办了六届，在当时村党支部书记任跃才亲自主持下，文化节一届比一届办得好。尤其是民间传统节目《老鼠招亲》在金华市和浙江省内都很有名气。枫林村罗汉队在该村第五届民俗文化节、后吴民俗文化节、上考红糖节、方岩庙会、五金博览会和农展会上都频频亮相，深受广大观众的好评。

永康民俗

水漫金山

枫林是个好地方

"中国方山柿之乡"文化旅游节

又是一年金秋到，走近新楼这方美丽的乡村，一串串红灯笼般的方山柿赏心悦目，一个个黄澄澄的方山柿让人心醉。新楼人民依托得天独厚的自然生态环境，在舟山镇党委、政府的领导下，以科技的力量"点柿成金"，大力发展名优特产方山柿农业产业。金秋时节的新楼，硕果累累，枝叶扶疏，缀金镶玉，黄柿飘香！

目前，名扬四方的新楼方山柿种植面积已达六千多亩，犹如走出深山的美少女，深受人们的青睐。

新楼，本属"革命老区"。那里山清水秀，人杰地灵，与缙

云壶镇和磐安交界，在市政府林业部门和舟山镇人民政府的大力扶持下，如今已满山遍野种上了方山柿。当地政府为了打响"方山柿"品牌，在省林业厅的支持下，每年都要办一届方山柿文化旅游节。在办节期间，不仅要举办评比促销活动，还安排有丰富多彩的民间文艺表演节目，让广大市民和当地群众大饱眼福。如布龙、罗汉队、洋鼓队、十八罗汉、花鼓、踩高跷、欢庆锣鼓等，欢声、鼓声一浪高过一浪，让这原生态的村庄变得更有生气。如今方山柿已大出风头，销路甚好，北京、上海、杭州甚至广州等地的人都前来求购。

新楼柿子节

工业重镇办节有特色

古山镇是永康市工业重镇，是五金之乡的发源地。

2007年，时任永康市政协副主席兼任古山镇党委书记的章锦水（现为市人大常委会副主任），为了充分挖掘华釜山旅游资源，让更多的市民去享受华釜山的秀丽风光，策划举办了一次规模宏大的古山镇华釜山首届文化旅游节，数万人参加了旅游文化节的开幕式。开幕式上，来自古山镇各村的二十支表演队以及应邀的"十八蝴蝶"表演队进行了精彩表演；开幕式后，各表演队按各方队沿各村进行了隆重的踩街活动。来自市摄影家协会和民俗摄影家协会的上百名摄影家和摄影爱好者，记录了隆重而壮观的场景。

2009年11月，第三届旅游文化节在宁塘村举办。文化节异常热闹，全镇十支民间表演队各显其能，充分展示民俗文化风采，并进行了踩街活动。其中古山三村的《状元娶亲》节目，形象逼真，逗人大笑，深受沿途观众欢迎。

2010 年 10 月，古山镇又在镇政府对面临时操场举办了第四届旅游文化节，并将古山民间几十摊小吃搬到了表演场，市民纷纷争先购买。开幕式那天秋高气爽，风和日丽，人头攒动，锣鼓喧天，吸引了数万群众参加。在开幕式后举办的文艺踩街活动，让这个古老的五金重镇焕发出新的生命力。古山镇第四届旅游文化节，共举办了两天，有踩街、文艺表演、美食大赛、登山比赛和拔河比赛等，有 5000 人次参加活动。

永康民俗

古山镇历届华釜山文化旅游节剪影

西溪镇柏岩蜜梨节

　　西溪镇柏岩蜜梨，声名远扬，年产数千吨。种植面积 3000 多亩，盛产翠冠梨、黄花梨等绿色产品。寨口村 2500 多亩的蜜梨，布满寨口村的山地，这满山遍野的蜜梨，给村民们带来了实惠。如今蜜梨的价格不低、销路好，许多家庭单卖蜜梨的收入少则几千元，多则数万元，种植蜜梨成了当地农业经济的一项支柱产业。为了让村民学习交流推广管理种植蜜梨的经验，扩大柏岩蜜梨的知名度，西溪镇政府和寨口村在每年 7 月蜜梨采摘季节都要举办西溪镇柏岩蜜梨节活动。当地村民将自家个头大、糖分高的蜜梨送到现场参加评比。市农业经济特产站的技术人员在现场用测糖仪器测量，评选出一、二、三等奖，极大地激发了村民种植的积极性。

优质品种评比现场

蜜梨飘香

见识南都禅寺大雄宝殿金像开光

2010年9月15日凌晨4点30分，笔者与影友钭建华、杜剑等人赶往位于白云风景区左侧的南都禅寺二期工程竣工暨大雄宝殿佛光金像开光仪式的现场。到达时天蒙蒙亮，我们开始等待第一道程序——祭天神。到了八点半，开光仪式开始，来自佛教的各界人士和香客数千人汇集禅寺内。仪式上，金华市佛协会长致辞，省佛教协会秘书长讲话，普陀山金山首坐道生老和尚作开示。永康市委统战部部长何跃民讲话，居士代表发言，主持润华致感谢词。开光佛像剪彩仪式上，高僧大德为佛像开光献庙供，整个活动隆重、热烈、有序，充分展示了佛教界人士和香客的良好修养。参与者尽管满头大汗，但为了自己的信仰仍挥汗坚持。禅寺主办方也做了大量周密的安排，其中早饭和午饭以斋饭形式提供给参加开光仪式的数千名友人和香客。

永康民俗

市领导徐华水、娄祖标出席开光仪式

第十节 乡土节庆文化

华釜山山脚民间"炼火"活动

2010 年 11 月 6 日（农历十月初一），一场由华釜山风景区华虎寺朱金明住持策划筹办的民间"炼火"活动再现于华釜山山脚，这是永康别开生面的一场民间活动。时至晚上七点，"炼火"晚会开始，由"炼火"队队长卢淑娟主持。晚会上，首先由唐先民间乐队演奏了《闹花台》乐曲、由吕凤祥率领的鼓乐队表演了《鲤鱼跳龙门》，然后由磐安县冷水镇歌舞队表演了《采茶舞》和潘潭歌舞队表演了《好日子》节目，最后由磐安县双峰炼火队表演精彩的非物质文化遗产项目——《炼火》。活动持续将近两个小时。炼火分为：择地定方向、烧火、试火、踩火、谢火五个阶段。炼火时，参炼者均赤脚赤膊，只穿一条裤衩，在通红的火炭场上手持钢叉、钢刀高声呼啸、勇猛奋进，场面惊心动魄，是民间高难度的身体表演艺术。整个"炼火"活动办得异常成功，吸引了全市各镇区三四万观众，观众都说，不看不知道，看了真奇妙。

永康民俗

炼火现场

石柱镇里溪庙会

2010年农历十一月二十一至二十三日举办的为期三天的里溪城隍庙庙会，规模宏大，热闹非凡，吸引了市内外数万群众和香客，同时也吸引了众多的商家摆摊经营娱乐场所。庙内外里三层外三层，挤得水泄不通。

香客中，中老年者居多，默默祈福保佑家人平安，福寿安康。也有一部分年轻的女性，她们或为许愿或为追求某种信仰。

在众多的香客中，有一位年轻女性格外引人注目，她见佛都要烧香敬拜，以表示她对佛神的敬仰和赤诚。这位香客叫吕香花，是某房地产公司的销售部经理。她从古山到城里商海闯荡了十几年，练就了敢想、敢做、坚忍不拔的性格，磨炼成顶天立地的女中豪杰。今天她在百忙之中，也抽出时间参加庙会活动，以了却她的心愿。

我们市民俗摄影家协会上午在华釜山华虎寺景区召开了理事扩大会，中午受到华虎寺住持朱金明的盛情款待。餐桌上手工加工的嘛糍、萝卜块、红薯、玉米饼等农家土货、农家菜成了抢手货。饭后，大家到里溪感受了庙会的盛况。

民间民乐遍地开花

中秋刚过，于散步时间，在西津桥头上，一支来自南苑社区十余人的民间乐队就奏起了婺剧《花头台》，接着几位婺剧爱好者纷纷登场演唱，在附近游玩的市民越围越多，到了晚上七点多，已经有百余人，围了三个大圆圈。清脆入耳的婺剧配上优美动听的乐器声，赢得围观市民的阵阵掌声和欢笑声。类似的民间乐队有七八支，这些乐队经常活跃在民间舞台上，不定期举办一些活动。乐队大部分成员是上了年纪的中老年人，有男有女，他们热爱民乐，传承婺剧，同时也给自己一份好的心情。国庆长假最后一天，他们以这种形式来祝福祖国繁荣昌盛、人民安康。

西津桥桥亭及靠北江边的亭阁里，一年四季均有许许多多的民乐爱好者在吹拉弹唱。其中有一位上了年纪的、前仓镇前仓村的能工巧匠李木衡。他

永康民俗

西津桥及西津桥北两侧成了市民民间民乐活动理想场所

民间乐队

如今被某企业老总聘请为技术顾问，但早晚都在西津桥附近娱乐一番，十八般"武艺"样样精通，在前仓村当村民主任时还创办过一支民乐队。在西津桥头上下，仍有一批越剧爱好者，随着动听的越剧乐器声，唱响着"梁祝"、"红楼梦"等曲目。西津桥和西津桥北两侧成了永康市民民间民乐活动的理想场所。

民俗文化花香四溢

越是民俗的就越是世界的，丰富多彩的民间艺术有如鲜花绽放在永康城乡各地。

以方岩胡公庙会和五金工艺为特色的传统文化源远流长。永康市文化部门每年都要精选几十个节目在五金博览会、农展会及文化遗产日时将土味十足的民俗节目轮番展演。

珠峰锣鼓、马灯舞、雪里梅、十八蚌壳、旋车舞、单狮、台阁、鲤鱼戏龟、龙狮共舞、迎花烛、马灯车、铜钱辊、老鼠招亲、大面姑娘、十八狐狸、十八莲花、哑口背疯、花头鼓等节目，你方演罢我登场。每个节目都有自己的来历和讲究，如"珠峰锣鼓"吸收和借鉴了开封锣鼓的形式，以粗犷、剽悍、雄奇、自然为特色。"马灯舞"由民间的走马灯改编而来，是永康市流传较为广泛的群众性民间舞蹈，以地方戏剧与民间舞蹈为主体，多为喜庆丰收、欢度佳节时表演，表演自由、活泼，场面壮观。"单狮"这种古老的拉线狮子表演手法有一种原始、粗犷的美，给观众带来强烈的心灵震撼。退迩闻名的"九狮图"、"十八蝴蝶"常作为特邀节目在五金广场作压轴表演。这两张多次在国际舞台上亮相的文化名片，早已登上大雅之堂，成为国家级非遗项目。

每年的 6 月 10 日，是全国"文化遗产日"，其主题为"保护文化遗产，守望精神家园"。随着岁月的流逝、现代化进程的加快，我国的文化遗产正面临消失的危险。设立文化遗产日，就是希望唤醒大众的文化自觉，共同关心爱护中华民族优秀的文化遗产。

濒临失传的手狮复活了

江南街道拱瑞下村的手狮是很有特色的民间艺术，已有 150 多年历史。一只手狮需要一人操控，狮子就如活的一样，不仅玩耍自如，还能用手（前脚）抓起香烟盒大小的物品。

拱瑞下村祖传的手狮艺术是九只纸狮，长 1.7 米，狮身直径约 50 厘米，也称"九狮图"。其中八只为母狮，一只为公狮，母狮以绿色为主，肚子为红色，雄狮背部为红色。狮子骨架由竹篾扎成，光竹篾扎成的圈就要五六十圈，每个狮子身上的狮子毛都由无数张细纸条组成，其工作量可想而知。2008年春，舒永航、陈德昌两位老人凭着记忆和想象率先启动，用十天时间制作了第一只手狮。

"手狮是吉祥物，是婚嫁开张等喜庆大事的助兴好助手。"据老人们回忆，"我们小时候，杭州、诸暨等地经常有人来邀请我们村的手狮去凑热闹"。提起手狮，村中几位老人赞不绝口。他们说：该村的手狮已有150年历史，起初的手狮不会动，是一位叫舒宝璋的手艺人把它改制成可以舞动的。20世纪50年代，村里常常舞手狮闹元宵，他在当地颇有名气。每年元宵节，城区上街有一户人家，总是早早地请他吃饭，目的就是让舒宝璋在他家门口多舞动几下手狮。还有一家副食品店，把当时拜年用的"果子包"摆放在柜台上，让手狮来抓。表演时，店里店外都是人。确实，该村的手狮曾很兴旺。新中国

成立初期，手狮参加过当时办的"百家争鸣，百花齐放"民间艺术大比拼活动，并获得一等奖。后来，又与"十八蝴蝶"一起代表永康民间艺术到金华参加比赛。遗憾的是"文化大革命"中把它当做"四旧"扫除，近30年没有再见到手狮的身影，直到1979年改革开放后才请手狮"出山"，可又是昙花一现，大家忙着赚钱，竟把老祖宗留下的艺术魂宝给淡忘了。这些年来，拱瑞下村手狮在永康市节庆活动中频频亮相，如方岩文化庙会开幕式、非物质文化遗产日、重阳节等，村党支部和村委会把手狮列入两委的重要议事日程，组织专人，筹集资金，把手狮不断完善，使之更加灵巧。手狮已引起市文化新闻部门的重视，据了解，市文化部门邀请浙江省非遗专家来永康调研挖掘永康市江南街道拱瑞下村的手狮舞，根据专家建议将手狮改成历山寿狮。省非遗专家建议，积极着手准备申报浙江省非遗项目名录，为其塑造品牌，同时对历山寿狮图的建构做了合理调整，并要求拱瑞下村即刻着手恢复技艺、道具，安排老艺人把技艺传授给青年人。我们期盼历山寿狮早日登上省级非遗项目的殿堂。

永康民俗

历山寿狮　横空出世

第十一节
民间艺人与风俗

十里不同风，百里不同俗。多年积淀的风俗是永康市宝贵的文化财富，是永康人重要的精神食粮。而这些与永康艺人息息相关。永康艺人热爱家乡，热爱独有的风俗艺术。因为他们的执著和付出，永康风俗被挖掘、被创新，正以崭新的姿态发扬光大；但也有的风俗将随艺人的离去而消失。

赵鑫州与《仙草之恋》

"安静！放在演员脸上，开机！画板，101场，二镜一次！开始……"
在草叶斑斓的深秋季节，一部名为《仙草之恋》的电影正在永康市五指岩景
区及周边村庄取景拍摄。

这部以农民创业历程为蓝本的电影，被誉为"江南首部农民数字电影"。影
片讲述了美丽的五指岩山下住着一户农家，孙子金桃和爷爷以种生姜为生，无意
间救了出车祸的景文。后来，景文发现自己的囊肿奇迹般地不见了，这与金桃每天
煮给他喝的姜汤有关。商人左千山见状利欲熏心，把主意打到金爷爷的土地上。
最后，景文说服大家办起了合作社共同开发五指岩生姜，使村民走上了致富之路。

赵鑫州是永康市唐先镇五指岩生姜专业合作社的社长。《仙草之恋》正
是该合作社投资 200 多万元拍摄的。"五指岩生姜很有名，但是和其他负有
盛名的产品相比，生姜文化的推广还很薄弱。没有文化的农产品，消费者是
永远记不住的。"赵鑫州说，他一直希望把五指岩生姜文化再挖掘，并进行
推广。一次偶然的采访，令赵鑫州有了实现梦想的机会。

2011 年 6 月，一位电影制片人刚好来到永康寻找题材，赵鑫州就想到了
自己的五指岩生姜。他原先认为拍电影要花很多的钱，自己是承受不了的。"和
他们接触后，发现他们对这个题材很感兴趣，而且费用不高。"赵鑫州说。

从事多年生姜种植和姜产品深加工的赵鑫州决定结合自身经历，创作出
一个精彩的电影故事。因为文化程度有限，他最后只创作了一个故事的大纲，
然后交给专业的编剧进行再加工，最终创作出《仙草之恋》剧本。

2011 年 10 月，《仙草之恋》剧组正式到永康取景拍摄。这一下，着实
吸引了诸位姜农的眼球。五指岩周边许多村庄的村民成了剧组最忠实的"粉
丝"，不时过来探探班，有的还索性当回群众演员，过上一把明星瘾。一些

姜农说："过不了多久，就可以在电影里看到自家的那几块姜田喽！"

谈起在永康农村取景，影片导演杨和平赞不绝口地说："这里山清水秀，空气好。晚上满天的星星，美极了！"正如杨导演所说，五指岩景区青山环绕，有保存得较为完好的土房和新中国成立时期的大会堂，处处都透出天然质朴的农村气息，十分契合影片的主题背景。

杨和平说：农村影片并非没有市场。自改革开放以来，国家大力扶持的农村题材和以农民创业历程为蓝本的电影素材，一直深受广大观众的欢迎。

《仙草之恋》由浙江天凰影视文化有限公司策划拍摄，电影立足地方特色农业，以创业线为主、感情线为辅的方式展开。在这部影片中，永康被设置为"丽州市"。

剧中的男女主角分别为由青年演员张子晨和周楚楚扮演，电影的大部分都在永康取景拍摄，之后剧组转战到杭州摄制。电影拍摄完成后，将在国内各大影院上映以及在中央六套电影频道播出，预计2012年年底可与观众见面。国家高级摄影师、浙江省摄影家协会会员、《中国旅游信息报》记者，一凡图文工作室陈彩凡女士全程参加拍摄，并负责剧照及采访活动。

电影《仙草之恋》掠影

俞传福与民间艺术

　　俞传福，一个普普通通的永康市民，土生土长在永康城，是一位人称"永康鼓王"、能让五金引吭高歌的音乐人，能让"蝴蝶"展翅飞舞、使狮龙腾挪跳跃的永康民间艺术家。他从事文艺四十余年，是浙江省的音协会员，是一位不是专业出身却有业水平的文化人。作者为了收集永康民间的艺人资料，在他的"传福广告有限公司"办公室采访了他。老朋友相见格外亲切，他滔滔不绝地介绍了他的从艺历程。

俞传福九岁学鼓，20世纪60年代就参加了永康县广播站的永康广播合唱团，从歌唱《黄水谣》、《太行山上》，到永康工人俱乐部的《码头工人歌》，他经常活跃在工人俱乐部、工人文化馆、文化馆等文化场所，参加了不少宣传演出。他不仅会打鼓，还会编舞、表演等。

1978年拨乱反正后，俞传福在永康电动工具厂工会工作。他把九狮图推上街头舞遍永城，狮子的道具都是他和厂里的职工徐连峰、徐新祥等制作的。当时，演出轰动县城。

1979年6月起，俞传福参加《十八蝴蝶》的挖掘创新。作曲王锦旋，导演胡得萍、戴先觉，乐队司鼓指挥俞传福。下半年，参加浙江省文艺表演的《十八蝴蝶》获得一等奖。

受永康县文化局的邀请，俞传福于1991年1月9日随县文化局、县体委、电视台等单位的相关领导到象珠镇横渡村对《九狮图》进行考察，而后指定他为主要编导。他为挖掘《九狮图》，吃住在山坑的横渡村半月之久，与当地艺人共同探讨。他对原来传统的打击锣鼓进行修改，并配上唢呐来烘托气氛。编排成功后的《九狮图》参加了永康县第六届"华溪春潮"文艺晚会，一举获得成功，并将《九狮图》首次搬上屏幕，受到观众的好评。《永康日报》报道了表演实况。

1998年7月，永康市政协发文特别邀请俞传福参加唐先镇石桥头村的《九狮图》挖掘工作。为弘扬民间文化，挖掘文化遗产，在石桥头村挖掘编导《九狮图》时，他丢下生意很好的广告行业，多次去往石桥头，对石桥头的"九狮"所演奏的鼓乐进行全面的改动加工、去粗取精、创新设计。他将婺剧的曲牌乐和鼓点配用在九狮舞动上，在开球出幼狮时，用静场加"冲头"鼓点；九只狮子全动时，用《花头台》最热闹的曲牌和《大过场》等曲目，使九狮场面更加活跃，将气氛推向高潮。

1998 年 9 月 30 日，经两次创新的永康《九狮图》走出永康，参加金华市金龙湾公园的国庆游园演出，受到广大市民和国际友人的好评。1999 年 9 月 5 日《九狮图》经进一步加工后，赴北京参加"99 北京国际民间艺术节"，俞传福担任鼓乐队司鼓指挥，在北京平安大街大显身手，受到了北京市有关部门领导和中外嘉宾的赞赏，央视生活和国际频道均作了报道。从此，"九狮"舞出国门，远渡重洋，走向世界，成为东方一绝。

有人说："哪里有庆典，有好事，哪里就有传福的鼓声。"这话说得也在理，不是吗？永康铁路的奠基开通；外环线、高速公路通车；胜利街开工新建；纳税大户颁奖；由他首创的三江广场纳凉晚会上；首届方岩文化庙会；撤县建市；首届五金博览会；门博会等，都能听到俞传福的鼓声。撤县建市开幕式的开场戏，是他策划编导的"九龙十八狮"大型民间表演。在排练中俞传福右脚骨折，仍拄着木棍坚持排练，直到最后演出成功。

2002 年初夏，为了进一步提炼民间精品，他在《九狮图》的基础上精心策划，创作排练了《双龙戏九狮》（"九狮"由象珠横渡村演，"双龙"由方岩前塘村演），这样打破了"九狮"固定位置不动的局面，增加了双龙与九狮一同表演，出神入化，妙趣横生，场面更加热闹，充满吉祥喜庆气氛。《双龙九狮》创作成功后，2002 年 9 月中央电视台专程到永康拍摄创作过程，并在央视九套频道播出。

俞传福出生在一个五金手工艺家庭，父亲俞洪木是永康县第一任五金厂厂长，对五金有着深厚的感情。俞传福擅长打击演奏，他总惦念着要搞出一个像样的特色节目来。古代编钟给传福带来了灵感，他想是否能将永康的五金产品像编钟似的排起来，用来打击演奏。经过长时间的酝酿、试奏，他创出《五金的旋律》来宣传永康，宣传五金产品。永康第九届"华溪春潮"的帷幕刚落，主办单位负责人就开始担心第十届"春潮"的节目，俞传福把已经成熟的《五金的旋律》说出时，他站起身来拍着桌子说："不错，好！这节目好！”并提出不管是“五一”、“十一”都要演出此节目，且一定要在第十届“春潮”中亮相。俞传福开始到五金城挑选产品，1995年的五金城还没兴旺起来，产品都是单一的铁、铝等小件五金制品，他选了铁铲、铁铝锅、水勺、饮具等锅、碗、瓢、盘组合在一起，一共28件五金产品。此节目首次亮相在第十届“华溪春潮”，演出引起了领导和观众的强烈反响。经多次修改后称《五金欢歌》，作曲楼敦传，后到金华电视台、杭州大剧院、浙江卫视等进行多场演出。2000年元月，作为浙江卫视唯一代表应邀参加在北京举行的八省（市）春节联欢晚会。

俞传福不仅创作、演奏、编导文艺节目，他还编排创作残疾人节目。1999年9月9日，他总策划了永康市首届企业家演唱会，其中专门邀请残疾人企业家应广贤、周刚，为他们排练了轮椅演唱《爱的奉献》。而后，又创作编导了演奏难度相当大的聋哑人《五金鼓魂》；策划了由盲人吕贫中主奏的《盲人正吹花头台》等节目。这些节目均参加了省级、全国级的残艺汇演，《五金鼓魂》获得了省级残艺三等奖，《盲人正吹花头台》获省级金奖、全国银奖。

1995 年 10 月，教育部、文化部、民政部、国家广电总局和中国残联联合会主办的残艺汇演组委会给俞传福颁发了辅导奖的证书。

俞传福，他让琳琅满目的永康五金产品插上音乐的翅膀，唱出了五金之路山高水长，唱得那五金之花溢彩流芳。

永康民俗

吕凤祥与《鲤鱼跳龙门》

快看，那是什么？有点像"九狮图"，却又不见狮子只见鱼呢？在唐先镇上考村红糖文化旅游节的开幕式现场，一辆独特的彩车吸引了众人的目光。

闹腾的锣鼓声中，《鲤鱼跳龙门》缓缓上场了。一架高2.6米、宽2.1米的"龙门"外，穿梭着一群大大小小的"鲤鱼"。"鲤鱼"在纤绳的拉扯下，随着鼓乐声不时地翻腾跳跃着，跳进了"龙门"的鲤鱼变化成龙，向空中喷洒出一团水雾。

精彩的表演赢得了围观群众的阵阵喝彩，来自永康、金华、武义、缙云等地的摄影家和摄影爱好者紧紧追随、捕捉镜头，忙得不亦乐乎。"这是从哪里来的？"人们禁不住好奇地打探。

唐先镇塔儿头村66岁的吕凤祥是《鲤鱼跳龙门》的筹建人之一。他说，表演是从叔公那里传承下来的。早年叔公做生意亏本后，为了生存，耍起了《鲤鱼跳龙门》。当时叔公做的"鲤鱼跳龙门"很简陋，一个一米高的四方形的架子，鲤鱼也只有一条，用竹篾和纸糊成。叔公一人拉绳，另两人敲锣，就组成了一个表演队。

由于"鲤鱼跳龙门"寓意好，当地人都喜欢。小店开张，家有喜事，都会请上《鲤鱼跳龙门》来闹一闹，可时间不长叔公就不干了。吕凤祥说：当年叔公年轻气盛，才20岁出头，嫌卖唱卖艺被人瞧不起，自觉低人一等，就回家了。

吕凤祥11岁的时候，叔公跟他聊起了"鲤鱼跳龙门"的事，吕凤祥非常感兴趣，缠叔公做一个玩玩。就在那年，吕凤祥跟叔公学起了"鲤鱼跳龙门"。

一晃几十年过去了，在全国各地民间艺术大放光彩的大好形势下，年过花甲的吕凤祥想起了童年时期玩的"鲤鱼跳龙门"。

吕凤祥找邻村几个同样热衷民间文艺的朋友商量，志同道合的四位老人说干就干，并得家人全力支持，于庆祝新中国60周年华诞之际，组建了一支"鲤鱼跳龙门"表演队。

经过3个月的精心设计和制作，昔日的《鲤鱼跳龙门》来了个华丽转身。当年7月，新版《鲤鱼跳龙门》新鲜出炉，凤祥的妻子、女儿、女婿、儿媳妇全家出动，表演队员也增到了30多人，其中10人拉绳，10多人奏乐……"龙门"的尺寸也加大了，门面豪华不说，大大小小鲤鱼一下子变成了13条，再加上一些虾、蟹，共22只。道具运输就得用上两辆大拖车。为了让鲤鱼成龙的表演更逼真，吕凤祥一伙还配上了发电机，可以随时喷出水雾。

表演队每到一处，都得到观众的好评，村民们都爱看。观众的肯定无疑成了表演最大的动力，吕凤祥说：《鲤鱼跳龙门》时间还不长，有些地方还不是很到位，他们还将不断改进和完善，比如鱼儿就可以做得更逼真一些。

《鲤鱼跳龙门》属永康市唐先镇塔儿头村独有，表演对演出人员素质要求高：头脑灵活、身手敏捷、音乐功底深厚，加之道具易损，制作工艺复杂，工序多，难度大，造价高，如不加以保护性发展，将有消亡的危险。

2010年5月，市文化新闻出版局组织了"非遗"专家评审，将《鲤鱼跳龙门》列入永康市第四批非物质文化遗产保护名录。我们期待《鲤鱼跳龙门》在党和政府关怀下，如同《九狮图》一样，越办越好、越走越远。

永康民俗

鼓乐队

妻女好帮手

鲤鱼跳龙门越跳越远

程中信与传统武术

　　程中信是方岩镇独松村人，今年55岁，出身于打罗汉世家。在2006年由永康市武协举办的城乡武术大赛上，他以熟练技巧和高超演艺，获得民间传统武术项目的金牌。

　　在他家一间储物室里，作者发现了许多"宝贝"，有大马刀、双刀、四门叉、滚叉、红缨枪、结漆棍、捆包等等，门类众多，简直就像一个小兵器库。程中信告诉作者，这些都是他祖上流传下来的打罗汉的道具，起码有两百多年的历史。

　　程中信刀枪棍棒十八般武艺样样精通，由于对打罗汉感兴趣，早年他还到处拜师学艺，学得了一身好功夫。对于传统技艺后继乏人的现状，程中信

程中信

很着急，于是他萌生办暑假班带学生的想法，授结漆棍、四门叉等老祖宗留下的技艺。他将自家三楼腾空当做练武场。程中信说："我办暑假班不是为了赚钱，而是觉得现在的孩子应该见识见识老祖宗留下的东西。"程中信的"打罗汉"暑假班，从一开始就受到欢迎，附近的村民纷纷送自己的孩子过来。程中信接收的首批18名学员中，有象珠镇的也有舟山镇的，甚至还有市区的，他们中年龄最小的7岁，最大的20岁，八年来，经程中信培养教练的青少年学员，大多成了武术能手，散满城乡各地，为弘扬传统武术作出了贡献。

程中信不仅有一身过硬的武功，还办起了一支花轿迎亲队，名气更大。市内外，甚至丽水、衢州等地都要来请。我们在他家的一楼目睹了随时可以出去的"轿子"。

程中信说：这台2000年置办的花轿已经有几十位新娘坐过，沾了不少喜气。每次出门迎亲总会吸引路人目光。那队伍可不亚于轿车迎亲，有的甚至还要风光热闹。他说：迎亲队伍成员是同村人，事先都经过一番训练，共有20多人。一遇到喜事，迎亲队伍一身红装，前面由两位举福牌的队员开路，

程中信精通十八般武艺

后面是唢呐队，紧接着是挑彩礼的挑夫，热闹异常。新郎坐着高头大马，当迎亲花轿到了新娘家门口时，身着彩装、头披红盖头的新娘，在众人的簇拥下跨过火盆，被抢上花轿，再现祖辈娶亲的热烈场面。

这种迎亲方式既传统，又时髦。程中信说：如今生活水平提高了，许多人都买了私家轿车，娶亲坐轿车已不再稀罕了，换个复古坐花轿方式才会让新娘心动。这几年，古代的婚嫁习俗重新受到青睐。一些老人就想在子女婚嫁时别开生面，以了怀旧情结。过惯了现代生活的年轻人，对只能从电影或电视上看到的古代迎娶场面更是跃跃欲试，也想风光一把。

2012年正月初八，是个黄道吉日，程中信策划筹办了一场别开生面的传统古典婚礼。这天下着毛毛雨，略有寒意，我们一行三人（金华报社记者和高级摄影师）急忙赶往独松村时，迎亲队伍已经出发。迎亲队伍按顺序排列，大红喜字头牌，先锋、唢呐、双面锣、鼓乐队、花轿、媒婆、骑着高头大马

古典婚礼

的新郎官等，队伍在这个原生态古老村庄走街串户，围观的村民们拍手称赞。新娘家在六华里路远的上里叶村，队伍沿着宽广但泥泞的道路走去，无一声怨言，脸带喜气，满面春风。经40多分钟，来到山清水秀的上里叶村，顿时，沉睡的山村热闹起来，锣鼓鞭炮声连成一片，上午10时许花轿到了新娘家。下午3时，按照传统习俗，新娘告别娘家坐上花轿回到新郎家并在厅堂举行了庄重简朴的拜天地仪式。

花烛前，拜天地，送入洞房，挑方巾，喝交杯酒，守花烛，闹新房，望恭喜，讨果子等仪式，程中信把婚礼办得热热闹闹、有声有色。

这古老而风趣的婚俗活动将婚礼的喜庆融于传统文化韵味的气氛之中。

李世林与永康鼓词

永康鼓词源远流长，直到20世纪80年代后期才日趋式微。

永康鼓词演唱者多为男性盲人，因鼓词演唱的内容都是些悲欢离合的故事，民间称鼓词艺人为"唱鼓词先生"。从前，这种曲艺演唱以永康为中心，并在金华、东阳、磐安、武义一带城乡流传。

新中国成立以后，唱鼓词艺人还成立了曲艺协会，兴盛时期曾有一百三四十人，到了20世纪80年代还有六十多人，现在只剩下十来人，仍以唱鼓词谋生者，更是寥寥无几。前仓镇枫林村盲艺人李世林就是其中之一。他活到老，唱到老，至今仍坚持走村串户演唱。人们称他为"永康鼓词"的传人，犹如鼓词文化的活化石。2007年9月，永康市广播电视台为李世林录制几十个小时的《六美图》、《珠衫记》等鼓词节目，播放后听众反响强烈。他被市文化新闻出版局授予"民间民族艺术家"称号。

李世林今年69岁，中等身材，两鬓花白，脸庞清瘦，额上那几条像刀刻一样的皱纹，好似向人们诉说他饱经风霜的经历。他昂首挺胸，坐在周氏祠堂内为我们演唱，这是2011年夏枫林村见到他的一幕。

敲打几分钟的鼓板，好似戏剧演前闹台场，以吸引听众。"介嘭！介嘭！介嘭！"清脆、嘹亮的鼓板声在祠堂内回荡并传向四方。四周的听众闻声赶来，一下子就聚集了几十个人。李世林果然名不虚传，他唱的腔调有独特的韵味，针对剧情变化，声速时快时慢，声调有高有低，鼓板有轻有重，抑扬顿挫，扣人心弦。人们听得入神，一缕阳光照进了祠堂，把后院部分雕花格窗和先生的鼓板照得通红雪亮。精湛的演艺，赢得人们的好评和赞誉，博得听众一

阵阵掌声。此情此景之中，我也仿佛回到了50年代。那时村里来了唱鼓词先生，我们就围在先生周围，听得津津有味，有时都忘了回家吃饭。据李世林介绍：他从12岁拜师学艺算起至今已经历了六十个年头了，会唱鼓词八十余本。

李世林1943年出生于枫林村一个农家。5岁那年因"出麻"（患麻疹）成为盲人。为了谋生，12岁那年，母亲送他到岩后井头村拜吕伟水为师学唱鼓词。

鼓词先生的伴奏器具比较简单，一只板鼓，一根鼓棒，加上一副腊尺或竹板即可。板鼓用六块柏树板（一般高约10厘米，宽2~2.5厘米，内径25~30厘米）

拼扎箍成。板鼓一面蒙黄牛皮，用三行铆钉钉牢，不论春夏秋冬均不会变形。据李世林介绍，学唱鼓词要从打鼓板学起，这看起来容易，学起来难。平时演唱卖艺中，有的人就会说，看你这个故事先生本事如何，听听敲鼓板便知。

再者就是学唱。鼓词演唱，又可分为悲调、怒调、喜调，对话述事的平调四种。演唱、打鼓不仅要唱出剧情，要烘托出故事的场景，更要表现出人物的性格、心思、情感。

鼓词说唱脚本多数以历史剧目修改而成，经师傅传教，代代相传，且各师各法，各有不同的特色。一个故事也就是一本戏，盲人学艺靠脑子死记硬背，学艺的难度可想而知。

李世林聪明好学，三年就出师了，对永康鼓词的演唱技巧应用自如，并且通过多年的实践，唱出了自己的特色与风格。

学艺最终为了谋生。三年出师后，李世林走上了卖艺谋生养活家人的艰难人生旅途。60多年来永康各地留下了他的足迹。

可是在"文化大革命"期间，盲艺人也同样受到冲击，造反派以盲艺人唱"帝、王、将、相"为由查封了盲艺人行会组织——县曲艺协会，拿走了他们的板鼓……"文化大革命"过后，永康鼓词虽一度辉煌，但终不敌工业化社会电视的普及而生存艰难。

现在永康鼓词经过历史的洗礼，以非物质文化遗产的身份得到新生，一直坚守永康鼓词艺术的李世林也得到了应有的尊重。

李木衡与无师自通

　　前仓镇前仓村，从我小时候记事起就是一个繁华的集镇。因 330 国道从村穿过，这里发生了一浪又一浪的变化。20 世纪 80 年代改革开放的春风从浙南温州刮到了浙中大地，那时有不少前仓青年去温州金乡从学做塑料皮的技术开始，逐步发展到做文教用品，从 80 年代的几十家，发展到包括溪滩村和馆头村在内的上千家，许多金乡人举家迁至前仓经营做生意。330 国道

永康民俗

前仓段，过去是民房区，如今成了琳琅满目的文教用品大展示的商品一条街。数万名永康精明男女常年在外跑业务、南来北往发货、订货又发货，年年如此，为永康经济腾飞贡献力量，80 年代就小有名气的"奇人"李木衡先生就是其中的能工巧匠的代表。

　　李木衡因其聪明讲义气而又顽皮的性格，于 50 年代末在校时就出了名。他家就在前仓村狭窄的老街上，上初中时就学会修自行车，在自家店面开起了"修车店"。初中毕业后闯商海，"文化大革命"后去武义发展，直到改革开放后返回前仓创业，办起了家庭作坊，以手工方式加工各式机械配件，后来逐步走向机械化，购进了车床等。90 年代，随着文教用品在前仓兴起，他的机器加工转型做了标牌和文教用具。其中最难得的是，凡是他人不会做

的，他都能想出点子，设计出图样，并亲手付诸实施，做出精品，如大型地球仪、各种难度的雕塑等，都是一一攻克难关，所以前仓大凡技术要求高的项目自然会找他。进入21世纪，前仓村村民推选他当村民主任主持村委会工作。于是，他放弃一年赚几十万元的机会，尽心尽责为前仓担任了三年两届的村民主任。他担任村民主任期间，不收礼，不贪集体一分公款。当时，浙江省金华市和永康市一些新闻媒体前来采访，都被他一一拒绝。"为村民做点事，是我当村民主任的本分。"他手工加工的作品飞往全国各地，至今我家里尚有两件小型样品：一件是铁骑跃马的关公，另一件是庙宇里四大金刚守门将军，两件作品均形象逼真。如今他家经营的标牌、铜字在前仓也出了名。早在20世纪90年代，李木衡就将手艺传给了小女李晓，由她经营。当年在他家做工的温州金乡小伙子陈广海后来成了他们的上门女婿，小夫妻有商量，生意做得红红火火。前些年李木衡还添了个小外孙，一家老小其乐融融。长女李珂是人见人爱的好姑娘，她高校毕业后，一直从事电视的采编工作，靠智慧和勤奋，已是杭州飞天传媒公司一位颇有名气，集采访、拍摄、编辑、制作于一体的资深专业人士。

如今已67岁的李木衡，一年四季每天早、晚及周日都会与民间乐队朋友在一起吹、拉、弹、唱，

尽情地抒发心中的欢乐。西津桥头、紫微园、江南江北路、三马路等都是他经常活动的场所。他十八般武艺样样都会，乐器样样精通。妻子孔湘也喜爱婺剧，"妻唱夫随"，经常可见夫妻俩默契配合。前几天，他兴奋地告诉学友，80年代初期由他制作的《点狮子》节目，代表永康市参加了在金华举行的比赛，获得一等奖。如今这"点狮子"仍在，他下半年打算花上两万元做个"滚狮子"，将此民间艺术献给社会、献给民众。

在文教之乡前仓，产品从过去的单一品种发展到如今已有数千种，形成了各门类系列。文教之乡亦是人才之乡，体现着永康人民的智慧与辛劳。

胡尖峰与祖宗画

近日均为阴雨天气，但为了赶时间，笔者在腰椎手术后身体没有完全康复的情况下，依然骑着跟随我十多年的摩托车，与影友一路颠簸去山区拍点老屋、老宅，返回前电话联系，去采访胡尖峰。笔者与影友一道找到了家住

胡库下村后山的胡尖峰家。我们在他的三楼书画工作室进行了交谈，了解到他从市旅游局党政办主任岗位上退休后仍然整天忙个不停，画祖宗像，书写条幅。在他近20平方米的工作室里摆满了祖宗像、油画、国画、字画及乐器，书柜里摆着众多的奖牌证书。他的书画室如同一间展示室。

胡尖峰生于1942年。他自幼喜爱书画，60年代以画像（炭精画）为主，为单位画舞台布景、墙头宣传画（包括

伟人像）等。为了提高艺术水平，胡尖峰1985年参加中国书画函授大学学习，1987年10月毕业后又进中国书画人才研修中心深造三年，经考核，被评为二级美术师和二级书法师。

随着民间传统习俗意识的日益加强，各地掀起了修谱修宗祠的热潮，不少单位、宗亲、村民要求为他们绘画祖宗像。祖宗像一般尺幅较大，且都用工笔重彩绘制，因此在技艺上有严格要求。另外，大部分祖宗像没有原像遗留，只得"造像"：即按祖宗的年龄、面貌特征、官位、历代服饰要求等，进行构思绘制。

绘画祖宗像"以线造形"也同书法一样必须笔笔具有功力。特别是在人物面部的刻画以及衣裙的处理上要注意线条的力度，掌握用线的准确，以及虚实关系。在绘画程序上，要先打好腹稿，再在六尺宣纸上打初稿，最后定稿。在用色上必须按工笔重彩的要求，根据不同年龄、官位、服饰以及明暗关系进行层层渲染，以达到色彩鲜艳、明快和厚实的效果。

绘制祖宗像有一整套技法。绘制前进行绘画，否则达不到预期的效果。

长期以来胡尖峰勤奋于书画事业。书法曾临习过颜、欧、柳、赵诸体。行草书以"二王"为主，曾临习过《兰亭序》百余回。国画以人物、花鸟见长。《虎啸图》获1982年金华地区美展

永康民俗

二等奖。书法作品，1994年获国际金鹅奖、书画大赛三等奖；1995年获全国书鹅轩书画大赛银奖；1996年获国家人事部人才新中国书画考核年度审评一等奖，获中日书画精英邀请赛银奖和海峡两岸书法大赛金奖；2001年获祖国颂国际书画大赛金奖，并颁发二十一世纪德艺双馨功勋艺术家匾额。传略和作品分别入编《中国现代美术书法名人名作博览》、《世界书画家经典》、《中国国际文学艺术博览》、《国际现代书画家作品润格》、《中国艺术人才书画作品精品集》、《中日现代美术通鉴》、《中国当代名人大辞典》、《中国国际书画家篆刻家年鉴》、《海峡两岸书画优秀作品集》、《世界书画名录》、《共和国百位将军暨书画名家精品集》、《金华市书画家作品集》、《永康市书法家作品集》、《中国书法全集》、《中华名人格言》等。最近又被中国民族文化研究会聘为高级研究员。

吴佩君与永康婺剧

认识吴佩君还要感谢影友周绍法，是他引领我们一批影友去他家所在地——唐先镇桐溪村。从桐溪的文化中心落成庆典到闹元宵迎龙灯，人虽然辛苦点，但好镜头也不少。就在拍完龙灯后，绍法又告诉我们在村会堂，永

康市婺剧团正在演出"九狮花抬头"，连义乌、东阳的村干部都赶过来看戏。剧团团长吴佩君是前仓镇后吴村人，这引起了我的兴趣，赶紧到戏场。只见她忙里忙外，我到后台对她说明来意并与她聊了起来。

吴佩君快言快语，告诉我们说：为了婺剧，一年四季在外奔波，父母六七十岁了还在婺剧团里帮她管理道具、戏装，把剧团当做自己的家。为了生存必须四处寻找演出市场。经过多年的拼搏，剧团已经有了名气，在金华八婺及杭州、新安江等地占有一定的市场。但剧团演员工资负担重，为兑现承诺，有时还要贷款发工资。所以剧团上下团结一心，排戏、演戏非常专心，保证了剧目的质量。她说有时也曾想，这么沉重的包袱何时休？但市文化新闻部门有关领导劝她，一定要坚持下来，创办这么多年不容易！所以坚持到现在。在问及何时学戏、走上婺剧之道时，佩君爽快地告诉我：小学毕业后就在戏班学戏，是当时后吴剧团中年龄最小的武旦学员，四年后，被永康市

吴佩君肖像

文化馆组建的丽州婺剧团选中，因为她在舞台上所扮演的角色形象生动，演艺精湛，先后被市内外十几个剧团如台州地区黄岩、椒江、玉环婺剧团及市内丽州、永祥、下山门、长田、唐先、苏溪等剧团聘用。长期拼搏，使她积累了丰富的剧团演出和管理经验，于1999年秋，她领衔创办了永康红星婺剧团，如今剧团演员52名，来自河南、山东等地及市内，演出剧目40多个，为了使观众更加满意，每年剧团都会有所创新。一年三百六十五天，几乎每天都有忙不完的事，演出、排戏、转场、跑戏、演出、休整，年复一年，她有一句非常实在的话："婺

九狮闹花台

剧这门艺术是老祖宗留给我们的遗产，我们一定要办下去，剧团再难也要办下去。"这是吴佩君不断拼博的精神所在，也是她的肺腑之言。

最近，我们赶往唐先镇太平新村。永康市婺剧团正在村里会堂演出吴佩君的拿手好戏《雪里梅》（即《哑口背疯》）。该剧深爱观众喜爱，博得台下阵阵掌声。65岁的母亲陈爱秋在场整理戏装，72岁的父亲吴明忠因这场

戏一直未好好休息，实在太困了，就告知女儿先休息了。吴佩君还说：剧团有许多重点剧目如《皇宫孽缘》、《孙安动本》、《女状元》、《六月雪》等。根据剧情需要，团里的重要演员也会适时进行小调整。

2006年，受百姓影视文化传播有限公司邀请，剧团在义乌实地拍摄了《鲤鱼跳龙门》，该剧成为许多戏迷朋友的精神食粮。

近些年，吴佩君带着剧团一直在外地拼搏，金华八婺戏路越来越宽。2012年春作者联系到她得知：剧团去年冬及今年春一直在义乌演出，市场越来越大，一些义乌客商看了她们剧团演出的戏，都纷纷说戏演得好、永康婺剧水平高，还纷纷邀请剧团到北方演出。

吴佩君肖像及剧团演员剧照

施作人与故事结缘

早就听说，在永康市唐先镇三村，有一位精神矍铄、开朗风趣、说话清亮的老人，能讲1000多个故事，它就是永康"故事大王"施作人。施作人曾在永康市唐先初中任教，长期从事业余文艺创作。他博学多才，饱览群书，好学好记好讲。二十几年来，施作人定期在广播中讲故事，与故事结缘。

2012年元月12日上午，作者乘车赶往唐先镇，在镇文化站站长王晓明安排下，去三村拜访这位受人尊敬的施作人老师。据介绍，施老师今年80岁，前不久曾患中风，由于治疗及时，除双眼视力有影响外，其他基本正常。我们到他家采访时，他思路敏捷地介绍起他的故事中的故事来……

在那个物质资源紧缺、精神文化匮乏的年代，听人讲故事成了施作人的唯一爱好。无论门前纳凉，还是炉边取暖，听故事的人群里总少不了他。但与他人不同，施作人每次听完故事后总爱细心揣摩，记在心里。长此以往，施作人肚子里存了不少"货"。后来，施作人感觉到只听别人讲故事已不能使自己满足，好学的他开始在书中寻找故事，也讲起了书中的故事。

施作人在诉写人间欢乐

1978 年，当时的永康县文化馆在广播站开辟了《周末故事会》节目。在唐先初中任教的施作人盛情难却，开启了讲故事生涯的第一页。当晚，施作人一连讲了《牛王捉贼》、《鸳鸯锁》等故事，听众个个听得

津津有味，一再要求施作人以后接着讲。施作人见老百姓很喜欢听，便一发不可收拾。截至 2010 年的二十多年里，他共为大家讲了新老故事 1200 多个。

施作人那么多故事到底从哪里来？用他自己的话说，从生活中、书报上来。为什么老百姓对施作人的故事百听不厌？这其中倾注了施作人长年累月的用心。他每逢空闲，便翻阅自家订的十多种报纸、杂志，从中初选一些情节曲折离奇又不太复杂，并富有思想性趣味性的故事；最后选那些自己过目不忘的故事进行再创造。

为了积累更多的创作素材，施作人跑遍了东西南北中的旅游风景区。2010 年，施作人携老伴吕竹安，畅游了祖国宝岛台湾岛。只要他坐上旅游大巴，

导游就会让施作人为大家讲故事，所以施作人一边游一边讲，一边游一边想，回到家就编写故事。

成为"故事大王"后，施作人在学习充实自己的同时，还不忘回报群众。多年来，施作人深入基层，倾听老百姓心声，他创作的脍炙人口的作品，也影响和改变了许多老百姓的工作生活习惯。他讲的很多民间故事，弘扬惩恶扬善，宣扬中国人的传统美德。

只要讲起故事，施作人似乎就停不下来，随处看到一棵树、一棵草、一湾小溪，都是一个故事。有人弄不明白，施作人为何这么热心讲故事，莫非想图什么好处？施作人得知后说："大家听得有意思，我就感到满足了。"有人问他还讲不讲下去？施作人说："只要大家还喜欢听，只要我还有一口气，我就会不断地讲下去。"

如今，施作人虽已至古稀之年，但他仍满怀信心，还继续做一些有意义的事；老伴现在担任村老年协会会长，他们育的二子一女，早已成家立业，如今，儿孙满堂，每逢节庆，合家团圆，其乐融融。

施作人还热心宣扬农村中的新人新事。数十年来，他积极为报纸、广播写稿，曾被报纸和广播电台评为优秀通讯员、党报宣传热心人，被省文化厅授予"浙江省农村文化示范户"称号，家里摆着各类奖状和奖牌。

又见"赶公猪"

2010年5月16日，是个周日，作者老家前仓镇大陈村正在搞村庄整治"三清四改"，尽管身体欠佳，但还是鼓起勇气，乘乡道班车前往。一路上，田野里农夫正忙着给毛笋施肥，九点多到了大陈。据村里人讲，后栋正在挖沟，准备埋电线装路灯，作者顺手用小数码相机拍了几幅。返回红大桥头时，偶见50多年未见的一幕："赶公猪"。一头大公猪被赶下小拖拉机，养猪户主陈根友从猪圈里赶出一头猪娘，大公猪迫不及待要爬上去，但只有在主人用双手帮助配合下，大公猪才能顺利进行配种，大约 10 分钟完成。事毕，作者采访了赶公猪上门配种的主人，他叫杨万林，石柱镇下杨村人，54 岁，家里养公猪已有二十几年历史，也就是赶公猪赶了二十几年。20 世纪 80 年代是人工赶，90 年代买了小拖拉机改用车代步，省力多了，几乎跑遍了永康上半县的舟山、前仓、石柱、芝英、古山等地。在 80 年代永康养公猪赶公猪的有十几户，如今只剩下两户，另一户在唐先镇，还有几户是搞人工授精，效果自然是直接配种的好，成功率达到百分之百。万林又介绍，公猪要养 200 斤以上才能承担配种任务，他家养的均在 400 斤以上，今天这头是 500 多斤。一般公猪一天完成一次配种任务，天气凉时也可完成上下午各一次。又问他这行当收入如何，他直爽地说，配一次种收 55 元，除去手扶拖拉机一趟要 11～12 元油钱，公猪一天耗费 8～9 元的猪饲料，其实配一次种利薄，也就是十几至二十元。问起他家庭情况，他说家里两个孩子都是大学毕业，一

235

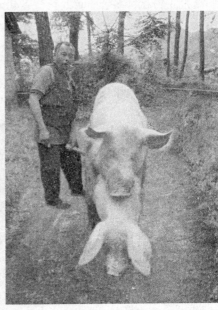

配种过程

第十一节　民间艺人与风俗

个在方岩镇当村官，一个在市骨科医院当医生。他说与老伴卢秀维（55 岁）养了十几头猪娘，三头公猪，三十几只羊，十几亩水田和 200 亩鱼塘（两口水塘），夫妻俩勤劳肯吃苦，90 年代初就是永康县农村为数不多的"万元户"，日子过得红红火火。杨万林告诉说，"赶公猪"这行当，就到这一辈，下一代已无人问津了。

陈孟龙与手工加工粉秋

尽管腊月没到，但在永康广大农村地区年味已经十足。这些天，雪后放晴，在山区晒火腿、做咸肉以及加工"粉秋"的村民随处可见。2010 年 12 月 20 日，笔者与同伴影友专门去了粉秋加工较为普遍的棠溪上马村，目睹了手工加工粉秋（即红薯粉条）的全过程。

每到冬天，棠溪各村家家户户都会将红薯磨成粉后，请专门加工粉秋的师傅加工粉秋，多者上百斤，少者几十斤。据了解，这位每逢冬天忙得不亦乐乎的师傅叫陈孟龙，是本村人，74 岁，身材不高但结实，从事红薯粉条加工已经有 50 个年头。每逢冬季两个月里，他走村串户，如同其他五金工匠一般，生意做遍永康上半县的龙山镇以及邻县磐安。据陈孟龙师傅介绍，这

门手艺是他小时候向师傅学的，那时只能蒸两格，为了多蒸几格，他冥思苦想，自己动手制作了专门的蒸粉秋的蒸笼和推刨工具，用起来得心应手。蒸笼每次蒸五格，每格约 10 斤左右红薯粉，可出 8 斤粉秋，一般的家庭蒸五格就差不多了，也有几户合起来蒸五格。具体方法是，将红薯粉用水搅拌成糊状，再浇入笼格中摊平，蒸上十分钟再浇上第二层，直到第五层蒸熟，扣在木板上晾干发硬，到第二天就可专人用专用工具，如同箍桶师傅一般从上而下推刨，旁边主人用手接收将粉秋装入竹篮里，再挑到晒场，在地簟上摊平晒干，就成了市场上小摊主们推销的"粉秋"。不过刨粉秋的工夫看

起来并不轻松，一般一笼格要推刨半个小时，五格刨下来低头弯腰要两个多小时，而且双手要用劲，这也是陈师傅几十年练出来的硬工夫。他每天都要做到晚上十一二点，次日凌晨五点又要开始新的活计。

参考书目

谭春虹著	中华文化常识（全典）	中国纺织出版社	2009
马银文著	中华民俗艺术大全	中国三峡出版社	2006
乌尔沁著	中华民俗	中国致公出版社	2002
乌尔沁著	民间喜事	中国致公出版社	2002
佘志超著	细说中国民俗	光明日报出版社	2006
中国民俗游编写组	中国民俗游（上）	中国藏学出版社	2004
中国民俗游编写组	中国民俗游（下）	中国藏学出版社	2006

作者与景宁文联主席兰良明于遂昌南尖岩

永康民俗

作者与影友留影

作者与军旅摄影家聂聆

作者与聂勋材将军

2011年夏作者率摄影采风团舟山桃花岛采风留影

鸣　谢

一、入编艺人、风俗

赵鑫洲　　俞传福　　吕凤祥　　程中信

李世林　　李木衡　　胡尖峰　　吴佩君

施作人　　陈孟龙　　杨万林

二、入编有关（民俗文化）镇区、街道、农村

方岩风景区　　古山镇　　　唐先镇

舟山镇　　　　前仓镇　　　西溪镇

方岩镇　　　　石柱镇　　　江南街道

西城街道　　　城西新区　　紫微园　　　　永康市团委

古山镇　　　　坑口村　　　宁塘村　　　　古山一、二、三村

前仓镇　　　　后吴村　　　大陈村　　　　枫林村　　　历山村

石柱镇　　　　后仁村　　　下杨村　　　　下里溪村

舟山镇　　　　新楼片

方岩镇　　　　独松村　　　胡库村　　　　后浅村

唐先镇　　　　桐溪村　　　上考村　　　　谏庄村　　　太平新村

三　村　　　　中山村　　　塔儿头村

西溪镇　　　　桐塘村　　　上马村

江南街道　　　永祥片　　　拱瑞下村　　　下山门村　　大兰村

　　　　　　　民丰村南园

西城街道　　周塘村

三星社区　　王慈溪村　　桐塘头村　　楼塘村　　小东陈村

三、协助采访提供帮助人

陈有福　　池豪杰　　朱晓芝　　陈慧芬

四、图片提供：

国家高级摄影师

中国民俗摄影协会会士

中国艺术摄影学会会员

浙江省摄影家协会会员

中国旅游信息报记者

陈彩凡

五、文字图片录入

永康一凡图文工作室

六、撰写序言

徐华水

七、本书策划

胡高进

八、支持单位

永康市人民政府

永康市风景旅游管理局

方岩风景区管委会

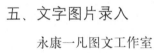

永康民俗

后　记

　　2009 年秋，反映中国五金之都、当下第一部对永康现实生活中民间五金工匠和手工艺人真实记录的《永康百工》一书，由社会科学文献出版社出版发行后，中共永康市委、市政府主要领导在行政中心接见了我。接见时市领导对《永康百工》一书给予充分肯定和鼓励，并询问我下一步有何打算。随后《永康日报》派资深记者蒋伟文采访了我，蒋记者也提及下一步做何打算。"再用 3 ~ 5 年时间出一本反映永康风俗的《永康民俗》。"我如是说。

　　2010 年春，我开始投入新的工作：梳理提纲，整理历存的民俗图片，做些成书前期工作，采写和拍摄永康民俗的图文资料，计划在 2011 年完成初稿。世事难料，2011 年元月，出现腰椎间盘突出压迫右脚神经，影响正常行走，经市中医院骨伤科吕伟信主任安排入了院，9 日由杭州专家做了腰椎间盘突出手术；上半年又发现右肺中叶有一个小结节，8 月 21 日，在家人陪同下，入住杭州浙一医院胸外科，24 日进行了肺结节微创手术。古稀之年，于半年内经历两次手术，虽经两位专家主刀手术非常成功，但对一位上了年岁的人，手术对身体的伤害是不言而喻的。术后在家人精心照料下，身体逐渐得到恢复，我又以顽强的毅力和坚定的信念，从病痛中解脱出来，继续投入本书的创作之中。

　　本书书稿形成后，中共永康市委副书记、市长徐华水在百忙中审阅了书稿，并为本书作序。

　　在本书的编写出版中，我一直得到市政府有关部门的有力支持。特别是永康市风景旅游管理局党组书记、局长胡高进，他是本书的策划，对我的身

体及本书编写出版极为关心；党组成员、纪检组长胡予文也经常嘘寒问暖，局党组及局领导的关心和鼓励无疑增添了我的创作力量。市委办副主任徐广涛，《永康日报》总编吕子尚，市文广电新副局长陈美红、文艺科科长陈有福等都十分关注本书的编写出版工作，陈有福科长还提供了采访线索和资料。永康市一凡图文工作室高级摄影师、浙江省摄影家协会会员陈彩凡女士为本书付出了辛勤劳动，负责所有文稿打印和修改，五易其稿，负责图片选择和入编图片的精心制作等。家人妻儿的支持与鼓励，使我终生难忘。挚友北京铭恒文化发展有限公司董事长刘剑女士热情帮助，使前一本《永康百工》和本书顺利出版。值此，一并表示诚挚的感谢！

　　以上是为后记。

陈昌余

于 2012 年春节

2006 年作者率摄影采风团温岭石塘海岛留影

致　谢

　　《永康民俗》出版得到了中共永康市委副书记、市长徐华水，旅游、市委办、文化等部门以及社会各界的大力支持，特别是永康市风景旅游管理局局长胡高进是本书的策划和主编之一，永康市委办公室副主任徐广涛，永康市文化广电新闻出版局副局长陈美红、文化艺术科科长陈有福，方岩风景区旅游开发公司市场部主任池豪杰，摄影家陈慧芬、吕香花、金立新等人给予了热心支持与鼓励。

　　由于水平有限，本书难免有诸多谬误之处，敬请广大读者不吝指正。

陈昌余

2012 年 2 月

2009 年 9 月《永康百工》出版后笔者接受新闻媒体采访

图书在版编目（CIP）数据

永康民俗 / 陈昌余著 . —北京：社会科学文献出版社，
2012. 12
ISBN 978 - 7 - 5097 - 4021 - 7

Ⅰ . ①永… Ⅱ . ①陈… Ⅲ . ①风俗习惯 - 永康市
Ⅳ . ①K892. 455. 4

中国版本图书馆 CIP 数据核字（2012）第 281727 号

永康民俗

著　　者 / 陈昌余

出 版 人 / 谢寿光
出 版 者 / 社会科学文献出版社
地　　址 / 北京市西城区北三环中路甲 29 号院 3 号楼华龙大厦
邮政编码 / 100029

责任部门 / 皮书出版中心（010）59367127　　责任编辑 / 陈　颖
电子信箱 / pishubu@ ssap. cn　　　　　　　责任校对 / 王洪强
项目统筹 / 邓泳红　陈　颖　　　　　　　　责任印制 / 岳　阳
经　　销 / 社会科学文献出版社市场营销中心（010）59367081　59367089
读者服务 / 读者服务中心（010）59367028

印　　装 / 北京画中画印刷有限公司
开　　本 / 787mm×1092mm　1/16　　　　印　张 / 14
版　　次 / 2012 年 12 月第 1 版　　　　　彩插印张 / 2. 25
印　　次 / 2012 年 12 月第 1 次印刷　　　字　数 / 212 千字
书　　号 / ISBN 978 - 7 - 5097 - 4021 - 7
定　　价 / 69. 00 元